高职医学类专业课程思政案例

GAOZHI YIXUELEI ZHUANYE KECHENG SIZHENG ANLI

主　编：尹爱武　杨德良

副主编：莫吉祥　潘　翠　穆亚敏　欧阳国强

颜　涛　彭瑞萍　罗　华　周　频

湘潭大学出版社
XIANGTAN UNIVERSITY PRESS

图书在版编目（CIP）数据

高职医学类专业课程思政案例 / 尹爱武，杨德良主编. -- 湘潭 : 湘潭大学出版社，2023.4
ISBN 978-7-5687-1020-6

Ⅰ. ①高… Ⅱ. ①尹… ②杨… Ⅲ. ①医学院校—思想政治教育—教学设计—中国 Ⅳ. ①G641

中国国家版本馆CIP数据核字（2023）第026956号

高职医学类专业课程思政案例

尹爱武 杨德良 主编

责任编辑： 姚海琼 罗 联
封面设计： 李 平
出版发行： 湘潭大学出版社
社　　址： 湖南省湘潭大学工程训练大楼
电　　话： 0731-58298960 0731-58298966（传真）
邮　　编： 411105
网　　址： http://press.xtu.edu.cn/
印　　刷： 长沙鸿和印务有限公司
经　　销： 湖南省新华书店
开　　本： 787 mm×1092 mm 1/16
印　　张： 12.75
字　　数： 310千字
版　　次： 2023年4月第1版
印　　次： 2023年4月第1次印刷
书　　号： ISBN 978-7-5687-1020-6
定　　价： 58.00元

前　　言

习近平总书记在全国高校思想政治工作会议上强调，要用好课堂教学这个主渠道，各类课程都要与思想政治理论课同向同行，形成协同效应。

《高等学校课程思政建设指导纲要》明确指出："医学类专业课程，要在课程教学中注重加强医德医风教育，着力培养学生'敬佑生命、救死扶伤、甘于奉献、大爱无疆'的医者精神，注重加强医者仁心教育，在培养精湛医术的同时，教育引导学生始终把人民群众生命安全和身体健康放在首位，尊重患者，善于沟通，提升综合素养和人文修养，提升依法应对重大突发公共卫生事件能力，做党和人民信赖的好医生。"每一门课程都蕴含丰富的思想政治教育元素，每一位教师都承担着思政育人的任务。一种精神的培养不是一节课或一门课能够完成的，为将思想政治工作贯穿教育教学全过程，实现全程育人、全方位育人，持续提高我校课程思政质量和水平，常态化推进课程思政建设，我校各专业在教学中挖掘课程思政元素，开展思政案例教学，以"润物细无声"的方式将思政元素自然地融入专业教学中，增强了思政教育的亲和力与感染力，给学生带来真实的体验感与获得感。

本书共14章，收集汇编的课程思政教学案例来源于护理专业、助产专业、预防医学专业、临床医学专业、康复治疗技术专业、中药学专业、老年保健与管理专业、医学影像技术专业等18个医卫类专业，希望能帮助教师结合本专业特点，深入挖掘课程思政元素，有效融入课堂教学。

由于编写时间仓促，书中难免出现错误和纰漏，敬请广大读者批评指正。

《高职医学类专业课程思政案例》编委会

2023年3月

目　　录

第一章　护理学篇

案例 1

体温计的发明与临床应用

【课程思政素材】

1593 年，著名的物理学家伽利略发明了最初的体温计。之后，诸多学者对体温计进行了改进。1709 年，德国物理学家华伦海特发明了酒精体温计。随后又出现了含汞体温计。1868 年，德国医生翁德利希开始把体温和疾病联系起来。他进行了 100 多万次的实验，对 25000 例病人进行了体温测量，最终得出结论：体温并不是一个恒定值，而是时刻处于变化之中。之后，诞生了电子体温计、一次性体温计和体温枪。

水银体温计成本低、结果准，价廉物美。但是，水银体温计使用了汞，汞对环境和人体会造成危害。根据《关于汞的水俣公约》，自 2026 年 1 月 1 日起，禁止生产含汞体温计和含汞血压计。这意味着，传统的水银体温计，将很快从生活中消失。

在测量体温的过程中，水银体温计被打碎或被患者咬碎时，要立即处理。

【课程思政教学设计与实施】

本案例主要是用在护理、助产等专业的“健康评估”课程中，在介绍“全身状态检查”的“体温测量”的知识点时，融入体温计的发明与临床应用介绍。

课前：通过学习通平台下发自主学习任务，请同学们以小组为单位，搜集体温计的发明与临床应用情况相关素材，写出感悟，制作成 PPT，上传至学习通平台。

课中：在介绍“体温测量”的知识点时，随机请 1 ~ 2 组代表上台分享他们组在课前搜集的对体温计发明的感悟，每组代表分享后给 1 ~ 2 分钟时间，请其他同学发表他们在听小组代表分享体温计的发明时自己的感悟，最后教师进行总结，培养学生的创新思维、环保意识和安全意识。

（张晓念）

案例 2

护理评估中的人文关怀

【课程思政素材】

两位同学分角色扮演消化系统疾病的护理评估。问诊时，患者悲伤哭泣，护士问："你怎么啦?"患者不语，护士继续问诊其他内容。体检时，护士频繁变动患者体位，直接用冰冷的手触诊腹部，按压力度大，患者痛苦皱眉……

护理评估时，问诊要有认真负责的态度，询问要详细，要对患者给予同情；说话和蔼可亲，通俗易懂，耐心细致。对危重患者宜扼要查询，以便及时抢救。此外，要注意心理安慰，帮助患者树立战胜疾病的信心。

在进行护理体检前，先关注环境温湿度是否适宜，患者的体位是否舒适，注意礼貌称呼及相关解释的告知；操作中关注患者的感受，保护患者隐私，接触患者的手要温暖，听诊器体件要捂热，动作要轻柔，不要长时间暴露检查部位，避免受凉；操作后交代注意事项，询问是否需要帮助等。当整个护理过程充满了关爱时，护理评估就有了温度。

【课程思政教学设计与实施】

本案例主要是用在护理、助产等专业的"健康评估"课程中，在介绍"消化系统体格检查"的知识点时，融入护理评估中的人文关怀。

课前：通过学习通平台下发自主学习任务，请同学们以小组为单位，观看与讨论相关消化系统护理评估工作情境的视频，搜集在护理评估中体现人文关怀的素材，写出案例视频中人文关怀做得不够的地方，制作成 Word 文档，上传至学习通平台。

课中：在介绍"消化系统体格检查"的知识点时，随机请 1 ~ 2 组代表上台分享他们组在课前观看视频后对护理评估中的人文关怀的感悟，每组代表分享后给 1 ~ 2 分钟时间，请讲台下的其他同学发表他们在听小组代表分享护理评估中的人文关怀时自己的感悟，最后教师进行总结，引导学生在护理评估中体现人文关怀，做有温度的护士。

（张晓念）

案例 3

结核菌的发现者罗伯特·科赫

【课程思政素材】

众所周知，传染病是人类健康的大敌。从古至今，鼠疫、伤寒、霍乱等许多可怕的病魔夺去了人类无数的生命。人类要战胜这些凶恶的疾病，首先要弄清楚致病的原因。罗伯特·科赫第一个发现传染病是由病原细菌感染造成的，他堪称世界病原细菌学的奠基人和开拓者。

罗伯特·科赫1843年出生于德国哈茨附近的克劳斯特尔城，是一名矿工的儿子，从小热爱生物学。在研究炭疽病的过程中，他第一次向世人证明了一种特定的微生物是特定疾病的病源。他从小就表现出开拓者的远大志向。在科赫7岁那年，克劳斯特尔城的一位牧师因病去世，小科赫向前往哀悼的母亲提出了一连串的问题："牧师得了什么病?""难道绝症就治不好吗?"母亲无法回答小科赫的提问。这件事在年幼的科赫心中留下了深刻的印象，并使他立志将来献身于医学事业，治好母亲认为无法医治的绝症。正是凭着这股开拓的志向，科赫在病原细菌学方面做出了非凡的贡献。

他第一次分离出结核分枝杆菌、伤寒杆菌，发明了细菌照相法、蒸汽杀菌法、预防炭疽病的接种方法，发现了炭疽热的病原细菌、霍乱弧菌，证明了一种特定的微生物引起一种特定疾病的原因，提出了霍乱预防方法，等等。

【课程思政教学设计与实施】

本案例主要是用在护理、助产等专业的"内科护理"课程中，在介绍"肺结核的认知"的知识点时，融入罗伯特·科赫的生平简介及贡献。

课前：通过学习通平台下发自主学习任务，请同学们以小组为单位，搜集罗伯特·科赫的简介及事迹，写出感悟，制作成PPT，上传至学习通平台。

课中：在介绍"肺结核的认知"的知识点时，随机请1～2组代表上台分享他们组在课前搜集的罗伯特·科赫的事迹及他们对事迹的感悟，每组代表分享后给1～2分钟时间，请讲台下的其他同学发表他们在听小组代表分享罗伯特·科赫事迹时自己的感悟，最后教师进行总结，倡导学生学习罗伯特·科赫热爱医学事业、无私奉献、不辞辛苦、开拓创新的崇高精神。

（黄　敏）

案例 4

诺贝尔奖获得者玛丽·居里

【课程思政素材】

玛丽·居里是波兰裔法国籍女物理学家、放射化学家。她是放射性现象的研究先驱，也是两次获得诺贝尔奖的第一人。

1903年，她和丈夫皮埃尔·居里及亨利·贝克勒尔共同获得诺贝尔物理学奖，1911年，她又因在放射化学方面的成就获得诺贝尔化学奖。

玛丽·居里的成就包括开创了放射性理论，发明了分离放射性同位素的技术，以及发现钋和镭两种新元素。在她的指导下，人类第一次将放射性同位素用于治疗癌症。玛丽·居里是一位爱国者，她以祖国波兰的名字命名她所发现的第一种元素钋，并于 1932 年在她的家乡华沙建立了由她的姐姐布洛尼斯拉娃主持的镭研究所。

【课程思政教学设计与实施】

本案例主要是用在“内科护理”课程中，在介绍“白血病的认知”的知识点时，融入玛丽·居里的事迹。

课前：通过学习通平台下发自主学习任务，请同学们以小组为单位，搜集玛丽·居里热爱祖国、勤奋学习、顽强奋进的事迹，并且写出对玛丽·居里事迹的感悟，制作成 PPT，上传至学习通平台。

课中：在介绍“白血病的认知”的知识点时，随机请 1 ~ 2 组代表上台分享他们组在课前搜集的玛丽·居里的事迹及他们对事迹的感悟，每组代表分享后给 1 ~ 2 分钟时间，请讲台下的其他同学发表他们在听小组代表分享玛丽·居里事迹时自己的感悟，最后教师进行总结，倡导学生学习玛丽·居里热爱祖国、勤奋学习、顽强奋进、积极探索的崇高精神。

（黄　敏）

案例 5

现代护理鼻祖南丁格尔

【课程思政素材】

南丁格尔是英国护士和统计学家，1820 年出生于意大利佛罗伦萨市。南丁格尔在德国学习护理后，曾在伦敦的医院工作，于 1853 年成为伦敦慈善医院的护士长。克里米亚战争时期，她极力向英国军方争取在战地开设医院，为士兵提供医疗护理。她分析过堆积如山的军事档案，指出在克里米亚战争中，英军死亡的原因是在战场外感染疾病及在战场上受伤后没有适当地护理而伤重致死，真正死在战场上的人反而不多。南丁格尔于 1854 年 10 月和 38 位护士到克里米亚野战医院工作。每个夜晚，她都手执风灯巡视，伤病员们亲切地称她为“提灯女神”。

南丁格尔是世界上第一个真正的女护士，开创了护理事业。由于南丁格尔的努力，让昔日地位低微的护士的社会地位与形象都大为提高，成为崇高的象征。南丁格尔也成为护士精神的代名词。“5·12”国际护士节设立在南丁格尔生日这一天，就是为了纪念这位近代护理事业的创始人。

【课程思政教学设计与实施】

本案例主要是用在护理、助产等专业的“外科护理”的第一次课的教学中，在介绍“外科护理发展历史”的知识点时，融入南丁格尔的生平简介及贡献。

课前：通过学习通平台下发自主学习任务，请同学们以小组为单位，搜集南丁格尔的简介及事迹，并且写出对南丁格尔生平事迹的感悟，制作成PPT，上传至学习通平台。

课中：在介绍“外科护理发展历史”的知识点时，随机请1～2组代表上台分享他们组在课前搜集的南丁格尔的事迹及他们对事迹的感悟，每组代表分享后给1～2分钟时间，请讲台下的其他同学发表他们在听小组代表分享南丁格尔事迹时自己的感悟，最后教师进行总结，倡导学生学习南丁格尔热爱护理事业、无私奉献、开拓创新的崇高精神。

（唐英姿）

案例 6

兰考治沙英雄焦裕禄

【课程思政素材】

焦裕禄，1922年8月16日出生于山东省淄博市的一个贫苦家庭，1946年1月加入中国共产党。1962年12月，组织安排焦裕禄到兰考县工作，他先后任县委第二书记、书记。焦裕禄患有慢性肝病，但他到兰考的第二天，就拖着患病的身体，深入基层调查研究。在一年多的时间里，他跑遍了全县140多个大队中的120多个。在带领全县人民封沙、治水、改地的斗争中，焦裕禄身先士卒，以身作则。他常常顶着大风沙去查风口，探流沙；大雨瓢泼的时候，他带头蹚着齐腰深的洪水察看洪水流势；风雪铺天盖地的时候，他率领干部访贫问苦。焦裕禄常说，共产党员应该在群众最困难的时候，出现在群众的面前；在群众最需要帮助的时候，去关心群众、帮助群众。他的心里装着全县的干部群众，唯独没有他自己。他经常肝部痛得直不起腰、骑不了车，即使这样，他仍然用手或硬物顶住肝部，坚持工作、下乡。1964年5月14日，焦裕禄被肝癌夺去了生命，年仅42岁。

【课程思政教学设计与实施】

本案例主要是用在“外科护理”课程中，在介绍“原发性肝癌病人的护理”的知识点时，融入焦裕禄的生平简介及贡献。

课前：通过学习通平台下发自主学习任务，请同学们以小组为单位，搜集焦裕禄的简介及事迹，学习中学课文《人民公仆焦裕禄》，并且写出感悟，制作成 PPT，上传至学习通平台。

课中：在介绍“原发性肝癌病人的护理”的知识点时，引入焦裕禄的事迹，向同学们讲解焦裕禄精神。焦裕禄精神被概括为“亲民爱民、艰苦奋斗、科学求实、迎难而上、无私奉献”的精神。结合护理人员在抗击新冠肺炎疫情中的重要贡献，强调为人民健康服务的重要性。护理人员需要具备高尚的职业道德、职业操守，高度的责任心和娴熟的专业技能。同时，倡导学生从自我做起，爱护身体，预防肝癌的发生，只有健康的身体才能更好地为人民服务。

（唐英姿）

案例 7

新冠肺炎抗疫一线铁人张定宇

【课程思政素材】

张定宇，武汉市金银潭医院院长，身患渐冻症，走路不稳，但新冠肺炎疫情暴发期间，他主动请缨，奔赴一线。在医院长长的走廊，他留下的背影让人泪目：身着防护服，左边写着“张定宇”，右边写着“武汉加油”。

当首批不明原因肺炎患者转入武汉市金银潭医院后，他当机立断组建隔离病区，采集病人支气管肺泡灌洗液送检，为实验室确诊赢得了时间。接诊新冠肺炎患者以来，他坚持吃住在医院，全身心投入患者救治工作，处理各类突发事件，确保医院有序高效运转，身患渐冻症仍坚持奋战在抗疫第一线。“我必须跑得更快，才能跑赢时间。”他的精神感动了干部群众，获得了社会普遍赞誉。

【课程思政教学设计与实施】

本案例主要是用在“急救护理技术”课程中，在介绍“重症监护”的知识点时，穿插讲述抗疫一线铁人张定宇的感人事迹，并组织学生讨论，应该学习他哪些高贵的精神品质。引导护理专业的学生在以后的职业生涯中遇到突发事件时做到处变不惊，利用掌握的急救技能从容应对医疗突发事件。同时，培养学生救死扶伤的精神，激发学生的职业自豪感，提高学生的职业使命感。

课前：通过学习通平台下发自主学习任务，请同学们以小组为单位，搜集抗疫一线铁人张定宇的典型事迹，并且写出对张定宇事迹的感悟，制作成 PPT，上传至学习通平台。

课中：在介绍“重症监护”知识点时，随机请 1 ~ 2 组代表上台分享他们组在课前搜集的张定宇的事迹及他们对事迹的感悟。每组代表分享后给 1 ~ 2 分钟时间，请讲台下的其他同学发表他们在听小组代表分享张定宇事迹时自己的感悟，最后教师进行总结，倡导学生学习抗疫一线铁人张定宇热爱祖国、热爱医疗事业、无私奉献、不辞辛苦的崇高精神，培养学生救死扶伤的精神，激发学生的职业自豪感，提高学生的职业使命感。

（易　敏）

案例 8

抗击“非典”功臣钟南山

【课程思政素材】

2003 年“非典”期间，钟南山院士和同事们一道冲在救治“非典”病人的最前线。作为全省医疗救治专家指导小组组长，钟南山不顾年事已高，冒着被感染的危险，悉心指导救治病人，成为救治业务的主心骨。作为中国工程院院士，钟南山坚持实事求是，积极开展合作，努力寻找病原，其科学家的道德风骨和学术勇气成为学界楷模。

钟南山在众志成城抗击“非典”的战“疫”中，焕发出新的光彩。他自己都不知道看了多少病人，有一次在抢救一位呼吸衰竭的病人时，呼吸机正在调试中，他就用简易人工气囊给病人做人工呼吸。病人家属后来才知道做这些“体力活”的竟是大名鼎鼎的钟南山。钟南山是一位始终工作在医疗一线，科研方向清晰，治学严谨又富有协作精神的巨擘。在他身上可以看到悬壶济世、追求真理的品格，也看到了共产党人心系人民的风采。

【课程思政教学设计与实施】

本案例主要是用在“急救护理技术”课程中，在介绍“心肺脑复苏”部分“关于简易呼吸气囊的使用”时引入本案例。

课前：通过学习通平台下发自主学习任务，请同学们以小组为单位，搜集钟南山的简介及事迹，并且写出对钟南山事迹的感悟，制作成 PPT，上传至学习通平台。

课中：介绍钟南山院士在“非典”期间，冒着被感染的风险，用简易呼吸气囊给一个呼吸衰竭的病人做人工呼吸的事迹。在生死一刻，他心系人民，置生死于度外。培养学生在做好职业防护的同时，树立服务人民、奉献社会的人生观、价值观。

（易　敏）

案例 9

司机乘客联手心肺复苏

【课程思政素材】

2019 年 1 月 10 日上午，行驶在无锡河埒口附近的 71 路公交车上演了一场“生死时速”。一名七旬男乘客接连三次晕倒。危急时刻，公交车驾驶员和乘客及时出手相助，将这名男乘客紧急送往医院抢救，同时实施心肺复苏，挽回一条生命。

【课程思政教学设计与实施】

本案例主要是用在“急救护理技术”课程中“院外急救现场心肺复苏实训技巧”的讲解中。通过司机乘客联手上演“生死时速”的心肺复苏榜样事迹，强调心肺复苏技能在紧急情况下救助病人时的重要性。

课前：通过学习通平台下发自主学习任务，搜集心肺复苏的现实案例，制作成 PPT，上传至学习通平台。

课中：在讲解“院外急救现场心肺复苏实训技巧”时，通过图片、视频详细讲解现场心肺复苏实训的重点、操作技巧。操作一定要做到精准到位，错误的心肺复苏操作可能会导致患者死亡的悲剧发生。对心搏骤停患者来说，时间就是生命，要牢牢掌握胸外心脏按压技术的要点，培养学生“生命第一，时效为先”的救护理念。

（易　敏）

案例 10

医学遗传学专家卢惠霖与卢光琇

【课程思政素材】

卢惠霖（1900—1997 年），医学遗传学专家，湖北天门人，在国内首先开设遗传病咨询门诊，中华人民共和国成立后，先后任湖南医学院生物教研室主任、医学遗传研究室主任、人类生殖工程研究组组长等。卢惠霖 1980 年加入中国共产党，1981 年建立中国第一个冷冻精子库。1983 年，中国首例冷冻精子人工授精婴儿诞生。1985 年，他领导体外受精试管婴儿研究。1988 年，中国首例胚胎移植试管婴儿诞生。

卢光琇为卢惠霖之女，著名遗传学家，为中国医学遗传学奠基者之一。在父亲卢惠霖教授的指导下，她投入生殖工程研究事业中。在试管婴儿研究之初，卢惠霖和卢光琇的实验室面临着技术不成熟、资金不足、设备短缺等重重困难，但这些困难阻挡不了父女俩的科研之路。冷冻柜是从皮肤科借来的，洗试管、做科研都是卢光琇自己动手。卢惠霖患有白内障，仍不断地查阅、翻译国外文献，为女儿的实验做理论支持。

【课程思政教学设计与实施】

本案例主要是用在护理专业“妇产科护理”课程中，在介绍“不孕症相关治疗和护理”的知识点时，融入中国试管之父卢惠霖教授的事迹和人生贡献，以及卢惠霖携女儿卢光琇教授在试管婴儿科研道路上艰难前行的经历。

课前：通过学习通平台下发自主学习任务，请同学们以小组为单位，了解我国试管婴儿的发展情况及试管婴儿背后的故事，将了解到的我国试管婴儿技术发展过程制作成一个时间流程图，上传至学习通平台。让同学们仔细观看视频“为了新中国·卢惠霖”，对视频中印象深刻的片段或事件写100字左右的观后感。

课中：在介绍“不孕症相关治疗和护理”知识点时，随机请1组代表上讲台分享他们在课前就我国试管婴儿技术发展制作的时间流程图，并对相关人物和事迹进行分享，时间控制在2～3分钟。请讲台下的其他同学发表他们在听小组代表分享过程中自己的感想和感悟。随机选取1组同学分享观看“为了新中国·卢惠霖”视频的观后感。最后教师进行总结，告知同学们卢惠霖教授是如何突破重围，提出中国应重视发展优生学。倡导同学们学习卢惠霖教授捍卫科学真理的科学家精神，希望同学们发扬勤奋好学、艰苦奋斗的精神。

（彭　燕）

案例 11

加强性教育意义重大

【课程思政素材】

国家人口计生委科学技术研究所在2013年发布的一组数据显示，我国每年人工流产多达1300万人次，居世界第一。近年来，人工流产呈现低龄化，每年的人工流产病例中，25岁以下的女性约占一半。

《2019—2020年全国大学生性与生殖健康调查报告》表明，近年来青年学生中HIV感染者数量急剧增加，尤其是大学生。据中国疾病预防控制中心统计，在过去几年里，新报告的HIV阳性的大学生人数以每年30%～50%的速度增长，每天有近10名大学生感染艾滋病毒。2013—2017年，青年学生感染HIV的病例共12037例，其中97.7%是男性。

【课程思政教学设计与实施】

本案例主要是用在护理专业的“妇产科护理”课程中，在介绍“计划生育妇女的护理”知识点时，融入大学生的性教育。

课前：通过学习通平台下发自主学习任务，请同学们以小组为单位，了解计划生育的政策，将计划生育政策变化的过程制作成一个时间轴，上传至学习通平台；了解计划生育的内涵；了解哪种避孕方式可以防止性传播疾病；了解人流手术对女性的危害。

课中：随机选取学生展示计划生育政策变化的作品，时间控制在 2～3 分钟，作为课堂引入。请讲台下的其他同学发表对我国计划生育政策不断调整的看法，教师进行点评。在讲解计划生育的第一部分内容“避孕”时，开展主题讨论“哪种避孕的方式可以防止性传播疾病”，教师讲解点评。在讲述人工终止妊娠手术时，请 1 组同学谈谈人流手术的并发症及查阅资料后的感想。

（彭　燕）

案例 12

妇产科医学家王淑贞

【课程思政素材】

王淑贞，我国著名的妇产科医学家，毕生从事妇产科的医疗、教学和科研工作。王淑贞的母亲在她 8 岁时死于产褥疾病，她看到母亲因产后病症去世，于是立志学医以解救妇女的痛苦。她 18 岁进入苏州女医学校，19 岁获取清华大学庚子赔款奖学金赴美留学，22 岁进入美国约翰斯·霍普金斯大学医学院，4 年后毕业，获医学博士学位。1926 年，她回到上海，进入西门妇孺医院工作，在此建立妇产科，并任妇科主任。在内战时期，物价飞涨，民不聊生，许多亲友劝她去香港或美国，她坚持留下来把医院办下去。在 60 岁高龄时，她仍坚持门诊和手术，并指导年轻医生进行疑难病的诊断与治疗。

【课程思政教学设计与实施】

本案例主要是用在护理专业的“妇产科护理”课程中，在介绍“产褥感染患者的护理”知识点时，融入王淑贞教授的事迹。

课前：通过学习通平台下发自主学习任务，请同学们以小组为单位，搜集王淑贞教授的事迹，上传至学习通平台，并对事迹中印象深刻的片段或事件写 100 字左右的感想。

课中：讲解产褥感染的死亡率时，自然过渡到曾有一位母亲因产褥感染去世，她年仅 8 岁的女儿因此受到触动，激发了她学医济世之志。随机请 1 组代表上讲台分享课前阅读资料的感想，时间 2～3 分钟。教师帮助学生提炼感悟的关键词：少年立志、报效国家、兢兢业业、无私奉献。培养学生的爱国主义精神。

（彭 燕）

案例13

围产保健之母严仁英

【课程思政素材】

严仁英，中国著名妇产科、妇女保健专家，被誉为“中国围产保健之母”。

1979年，严仁英跟随中国妇女代表团访美，其间她接触到了国外日渐兴起的围产医学。深受启发的严仁英决心将“围产保健”引入中国。回国后，年过花甲的严仁英决定从临床改行做妇女围产保健，挑起我国妇幼保健与围产医学的大梁。她经常说，医疗只能救治一个人，而预防则可造福很多人。要做优生保健，首先需要大量的调研。严仁英选择了当时经济欠发达、围产儿死亡率高的北京郊区的顺义农村为试点，开始对1981年到1982年的孕产妇及围产儿死亡率进行监测观察，并推广围产保健的高危管理措施。2年多时间，她走遍顺义7个乡，调查研究的婴儿达到2000多个，顺利推广围产保健的高危管理措施，使围产儿死亡率由27‰降至17.6‰。

严仁英还建立了中华围产医学会，将女性增补叶酸预防神经管畸形上升为国家行为，使我国神经管畸形儿发生率在原有基础上下降了50%。

【课程思政教学设计与实施】

本案例主要是用在助产专业的“实用助产技术”课程中，在介绍“产前检查”“孕期营养指导”“孕期保健”的知识点时，融入我国围产保健之母严仁英教授的生平简介及人生贡献。

课前：通过学习通平台下发自主学习任务，请同学们以小组为单位，搜集我国围产保健之母严仁英教授的事迹，要求学生写出感悟，制作成PPT，并上传至学习通平台。

课中：随机请2~3组学生代表上讲台分享课前学习严仁英教授事迹的心得感受，鼓励、引导学生之间交流讨论，使学生感受严仁英教授服务人民、奉献社会的人生观、价值观，学习严仁英教授突破陈规、大胆探索、不畏困难、敢于创造的改革创新精神。鼓励助产专业学生以严仁英教授为榜样，爱岗敬业，以母婴健康为中心，在工作岗位上求真务实，积极探索。

（刘 滢）

案例 14

妇产科学家林巧稚

【课程思政素材】

林巧稚是中国妇产科学的主要开拓者、奠基人之一。1901 年，她出生于福建厦门鼓浪屿的一个普通家庭。1929 年，她以优异的成绩成为北京协和医院第一位毕业留院的中国女医生。当时的中国，对于妇产科疾病的认识还处于落后的状态，产妇的死亡率为 1.76%，新生儿死亡率更是高达 27.5%。她希望用自己的一生去挽救更多的生命，去迎接那些崭新生命的到来，因此选择了妇产科学。

林巧稚从做见习医生起，见到产妇疼痛，她就会主动伸出双手抚慰产妇。有时候宫缩来了，产妇屏住气，会把林巧稚的手捏得青紫肿胀，而她一声不吭。林巧稚数十年如一日地坚守在自己的岗位上，每年的生日，也习惯在产房度过。她说："我到产房过生日更有意义，那哇哇的啼哭声就是最动听的生命赞歌，对我来说，那是再好不过的生日礼物。"在去世前一天，她还接生了 6 个婴儿。临终前，她还断断续续地喊："快！快！拿产钳来……"

1983 年 4 月 22 日，林巧稚在协和医院逝世，她在遗嘱中将个人毕生积蓄的 3 万元捐给协和医院托儿所。

【课程思政教学设计与实施】

本案例主要是用在助产专业的"实用助产技术"课程中，在介绍"正常分娩产程的护理"的知识点时，融入林巧稚的生平简介及人生贡献。

课前：通过学习通平台下发自主学习任务，请同学们以小组为单位，搜集林巧稚的简介及事迹，写出感悟，制作成 PPT，上传至学习通平台。

课中：在介绍"正常分娩产程的护理"的知识点时，随机请 2～3 组代表上台分享他们组在课前搜集到的林巧稚的事迹及对事迹的感悟，每组代表分享后给 1～2 分钟时间，请讲台下的其他同学发表在听小组代表分享林巧稚事迹时自己的心得体会。根据小组汇报情况，教师适时引入教学内容，讲解在护理正常分娩妇女过程中需具备的个人能力及素质。

（刘　滢）

案例15

红色乳汁

【课程思政素材】

红军长征经过乌蒙山区，跟在大部队后方往四川方向前进的几个伤员遭遇国民党地方武装追击，一位受伤严重的小红军被当地群众舍身救治。当地群众不顾自身安危，与地主狗腿子周旋，用乳汁帮小红军消毒伤口。同时，为了帮小红军加强营养，尽早康复，顺利归队，用乳汁冒充羊奶喂养小红军，到后来挤出来的乳汁变成了红色。后来，小红军身体康复，顺利追上了大部队。在养伤的过程中，彼此产生了深深的情谊。小红军感恩在怀，革命胜利后，他一直苦苦寻找恩人未果，他的后代继续寻找。

【课程思政教学设计与实施】

本案例主要是用在助产专业的“实用助产技术”课程中，在介绍“母乳喂养的好处”知识点时，融入微电影《红色乳汁》。

课前：通过学习通平台下发自主学习任务，请同学们以小组为单位，搜集红军长征过程中与乳汁相关小故事，如《红嫂》《乳娘》，并写出对故事的感悟，制作成PPT，上传至学习通平台。

课中：在介绍正常产褥期妇女护理中的“母乳喂养的好处”知识点时，随机请2~3组代表上台分享他们组在课前搜集到的红军长征中《红色乳汁》故事及他们对事迹的感悟，每组代表分享后给1~2分钟时间，请讲台下的其他同学发表他们在听小组代表分享时自己的心得体会。根据小组汇报情况，教师适时引入教学内容，教学过程中讴歌军民鱼水情。

（刘　滢）

案例16

护理教育家黎秀芳

【课程思政素材】

黎秀芳，湖南省湘潭县人，护理教育家，分级护理和查对制度的提出者，南丁格尔奖章获得者，1936年中学毕业后考入南京中央高级护士学校，立志要像英国杰出女性、近代护理学创始人南丁格尔一样，献身医学护理事业，当一辈子“白衣天使”。

1949 年夏，她拒绝了父亲要她去台湾的要求，毅然留在大陆，投身新中国的建设。1954 年，在西北军区总医院开展计划治疗期间，黎秀芳看到当时的护理工作分不清先后缓急，治疗中时有差错发生，给患者带来了痛苦，她下决心要改变这种状况。经过调查研究，黎秀芳与同事们一起总结，提出三级护理理论和三查七对护理制度。这些制度的应用大大降低了护理差错事故的发生率，试行成功之后，军内外有 97 家医院派人前来参观学习，并且迅速在全国各医院推广应用。

【课程思政教学设计与实施】

本案例主要是用在护理、助产等专业的“基础护理技术”课程中，在介绍“分级护理”“三查七对制度”的知识点时，融入分级护理和三查七对制度提出者黎秀芳的生平简介及人生贡献。

课前：通过学习通平台下发自主学习任务，请同学们以小组为单位，搜集分级护理和查对制度的提出者黎秀芳的简介及事迹，并且写出对黎秀芳生平事迹的感悟，制作成 PPT，上传至学习通平台。

课中：在介绍“分级护理”和“三查七对制度”的知识点时，随机请 1 ~ 2 组代表上台分享他们组在课前搜集的黎秀芳事迹及对事迹的感悟，每组代表分享后给 1 ~ 2 分钟时间，请讲台下的其他同学发表他们在听小组代表分享黎秀芳事迹时自己的感悟，最后教师进行总结，倡导学生学习黎秀芳热爱祖国、热爱护理事业、无私奉献、不辞辛苦的崇高精神。

（谭旭妍）

案例 17

徒手掏粪石的医生赵童

【课程思政素材】

《新闻联播》报道过一则令人感动的消息：华中科技大学附属同济医院中法新城院区，一名 80 岁的新冠肺炎患者由于直肠内粪石较多，无法自行排出，突发急性肠梗阻，危及生命。在此紧急情况下，一名来自焦作市的援鄂医生赵童不顾污秽、不顾危险，直接用手将患者直肠内多个鸡蛋大小的粪石掏了出来，缓解了患者的病痛，让患者转危为安。

【课程思政教学设计与实施】

本案例主要是用在护理、助产等专业的“基础护理技术”课程中，在介绍“排便护理”知识点时，融入赵童的抗疫事迹。

课前：通过学习通平台下发自主学习任务，请同学们以小组为单位，学习战疫英雄赵童的先进事迹，并写出感悟，制作成 PPT，上传至学习通平台。

课中：在介绍“排便护理”知识点时，随机请 1 ~ 2 组代表上台分享他们组在自主学习战疫英雄赵童的先进事迹后的感悟。每组代表分享后给 3 分钟时间，请同学们讨论赵童医生抗疫事迹中所表现出的职业精神。最后教师对学生讨论进行总结和点评，倡导学生学习赵童医生敬业奉献、全心全意为患者服务的大无畏精神，引导学生带着责任感学习本次课的内容。

（谭旭妍）

案例18

救死扶伤的国际主义战士白求恩

【课程思政素材】

白求恩，1890 年出生于加拿大，1916 年毕业于多伦多大学医学院。1936 年西班牙战争爆发后，他率医疗队奔赴马德里前线，抢救反法西斯战士。1937 年，中国抗日战争时期，正在加拿大和美国为西班牙战争募捐的白求恩在讲演中表示，真正的战斗是在中国，那里的斗争决定着我们这个世界的命运，我要和他们一起战斗。

1938 年 3 月，白求恩到达延安，随即转赴晋察冀抗日根据地。他积极投入到组织战地流动医疗队、出入火线救死扶伤的工作中，为减少伤员的痛苦，他把手术台设在离火线最近的地方。他提议开办卫生材料厂，解决了药品不足的问题；创办了卫生学校，培养了大批医务干部；编写了多种战地医疗教材并亲自讲课。他的牺牲精神、工作热忱、高度责任心，堪称模范。他虽年近五旬，但多次为伤员输血，一次连续为 115 名伤员做手术，持续时间达 69 个小时。他创办医护训练班，培训了大批医务干部，为冀中部队建立了 13 个手术室和包扎所。1939 年 6 月，他返回冀西后，创办卫生学校，亲自制定课程，编写近 20 种教材。他就这样夜以继日地工作着。他在给加拿大友人的信中说：“我的确非常疲倦，但长期以来未像现在这样愉快，因为人们需要我。”1939 年 10 月，日军对我敌后抗日根据地发动冬季大扫荡。他毅然推迟了回国为中国抗战募捐筹款的行期，全身心投入反扫荡中。10 月下旬，他在河北省涞源县摩天岭前线战斗中抢救伤员时，左手中指不慎被手术刀割破。他不顾伤痛和高烧，坚持战地救护工作，后因感染中毒，转为败血症，于 11 月 12 日在河北省唐县黄石口村逝世，终年 49 岁。

【课程思政教学设计与实施】

本案例用在“基础护理技术”课程中。

课前：通过学习通平台下发自主学习任务，请同学们以小组为单位，搜集白求恩事迹，并且写出对白求恩事迹的感悟，制作成 PPT，上传至学习通平台。

课中：随机请 1 ~2 组代表上台分享他们组在课前搜集的白求恩事迹，每组代表分享后给 1 ~2 分钟时间，请讲台下的其他同学发表感悟，最后教师进行总结，引导学生学习白求恩无私奉献的精神和舍身忘我的高尚品质。

（唐英姿）

案例 19

代理妈妈的爱

【课程思政素材】

从 2017 年 11 月 17 日到 2018 年 1 月 6 日，江西省萍乡市人民医院新生儿科护士彭锡萍为一名早产儿写下了 33 篇“代理妈妈”日记。从首日《小精灵降临》，到《小精灵要变强》，再到最后一篇《出院啦》，自称“妈妈”的她以与婴儿对话的口吻记录下了其身体状况和日常护理过程。写日记期间她处于哺乳期，她说：“就跟带我自己宝宝一样，把他一天的点点滴滴写下来，给他留个纪念。”

【课程思政教学设计与实施】

本案例用在助产专业的“新生儿护理”课程中。在讲述新生儿黄疸时，通过阅读主人公江西省萍乡市人民医院新生儿科护士彭锡萍为一名早产儿写下的 33 篇“代理妈妈”日记，激发学生的同理心，培养学生尊重生命、热爱生命、拼尽全力去保护弱小的生命的高尚道德情操，以更好地践行为人民服务。

课前：通过学习通平台发布课前学习任务，要求每一位同学学习彭锡萍护士为一名早产儿写下的 33 篇“代理妈妈”日记，细心体会主人公对待工作严谨认真、一丝不苟的态度和对待新生儿的一腔真情，以“宝贝，我想对你说”为题，写一篇情感真挚的日记、诗歌或散文，上传至学习通平台。

课中：教师在讲述新生儿窒息复苏的时候，阅读“代理妈妈”日记，组织学生分享自己的感受，选取 3 ~5 位同学饱含深情地朗诵自己的作品，最后教师进行总结，激发学生的大爱之心，培养学生尊重生命、热爱生命、愿意去保护弱小生命的高尚道德情操。

（刘智华）

第二章　临床医学篇

案例 1

水俣病事件

【课程思政素材】

1956 年，日本的水俣湾附近发现一种奇怪的病，这种病症最初出现在猫身上，被称为“猫舞蹈症”。患这种病的猫表现出抽搐、麻痹，甚至跳海死去。随后不久，此地也相继发现了患这种病症的人，表现为口齿不清、步履蹒跚、面部痴呆、手足麻痹、感觉障碍、视觉丧失、震颤、手足变形，重者精神失常，或酣睡，或兴奋，身体弯弓，高叫，直至死亡。该症状只发生在水俣镇内及周边，所以开始的时候，人们叫这种病为“水俣病”。

1959 年，熊本大学医学部水俣病研究所发表的研究报告指出，水俣病的病因为当地氮肥厂排放出的工业废水中的汞，汞被水中生物摄入后，会转化成甲基汞，进入脑部的甲基汞会使脑萎缩，侵害神经细胞，破坏小脑功能。

【课程思政教学设计与实施】

本案例主要是用在预防医学专业的“环境卫生学”课程中，在介绍“水污染与健康”的知识点时融入水俣病事件相关内容。

课前：通过学习通平台下发自主学习任务，请同学们以小组为单位，搜集水俣病事件资料及水俣病对人类健康的伤害，并且写出感悟，制作成 PPT，上传至学习通平台。

课中：在介绍“水污染与健康”的知识点时，随机请 1 ~ 2 组代表上台分享他们组在课前搜集的水俣病事件资料及感想，每组代表分享后给 1 ~ 2 分钟时间，请讲台下的其他同学发表他们的感悟。最后教师进行总结，让学生意识到环境污染对健康的危害，并倡导学生热爱祖国、热爱预防医学事业、保护环境。

（阳　志）

案例 2

绿水青山就是金山银山

【课程思政素材】

2005 年 8 月 15 日，时任浙江省委书记习近平在浙江安吉县余村调研时，首次提出“绿水青山就是金山银山”的重要论述。十八大以来，有一件事，习近平总书记一直强调要“算大账、算长远账、算整体账、算综合账”，这件事就是生态环境保护。他明确指出，绝不能以牺牲生态环境为代价换取经济的一时发展。

为建设美丽中国，十九大报告从推进绿色发展、着力解决突出环境问题、加大生态系统保护力度、改革生态环境监管体制四个方面提出一系列加快生态文明体制改革的指导性措施，习近平总书记明确告诫全党：“生态文明建设功在当代、利在千秋。我们要牢固树立社会主义生态文明观，推动形成人与自然和谐发展现代化建设新格局，为保护生态环境作出我们这代人的努力。”

【课程思政教学设计与实施】

本案例主要是用在预防医学专业的“环境卫生学”课程中，在介绍“我国环境卫生工作的主要成就”知识点时，融入“绿水青山就是金山银山”的发展理念。

课前：通过学习通平台下发自主学习任务，请同学们以小组为单位，搜集“绿水青山就是金山银山”的提出、主要内容及意义，并且写出对“绿水青山就是金山银山”的感悟，制作成 PPT，上传至学习通平台。

课中：在介绍“我国环境卫生工作的主要成就”的知识点时，随机请 1 ~2 组代表上台分享他们组在课前搜集的有关“绿水青山就是金山银山”发展理念的主要内容、意义，以及对这一发展理念的感悟。每组代表分享后给 1 ~2 分钟时间，请讲台下的其他同学发表他们在听小组代表分享后自己的感悟，最后教师进行总结，倡导学生热爱祖国、热爱预防医学事业、保护环境。

（阳　志）

案例 3

甲型肝炎暴发流行事件

【课程思政素材】

1988 年 1 月 19 日开始，上海甲型肝炎发病人数与日俱增。1 月 30 日至 2 月 14 日流行期间，每天发病人数均超过10000例。2月1日，日发病量高达19013例。至3月份，疫情基本得到控制。4月以后发病率逐日下降。

这次甲肝暴发流行的特点是：来势凶猛，发病急；病人症状明显，90%以上的病人出现黄疸；发病主要集中在市区，人群分布以青壮年为主，20～39岁的占83.5%；80%以上的病人有食用毛蚶史。在卫生防疫部门的跟踪检疫下，确定甲型肝炎是由毛蚶携带的甲型肝炎病毒所致。随即，上海市政府做出了严禁销售、食用毛蚶的决定，并开展了声势浩大的卫生知识宣传。大批病人得到了及时的隔离治疗，卫生防病知识宣传做到了家喻户晓，消毒措施得到落实，在较短时间内控制了疫情。据统计，至当年5月13日，共有310746人发病，31人直接死于本病。

【课程思政教学设计与实施】

本案例主要是用在预防医学专业的“卫生统计学”课程中，在介绍“卫生统计学作用”的知识点时，融入甲型肝炎暴发流行事件。

课前：通过学习通平台下发自主学习任务，请同学们以小组为单位，搜集甲型肝炎暴发流行的特点，并且写出对1988年上海甲型肝炎暴发流行的感悟，制作成PPT，上传至学习通平台。

课中：在介绍“卫生统计学作用”的知识点时，随机请1～2组代表上台分享他们组在课前搜集的1988年上海甲型肝炎暴发流行相关内容，最后教师进行总结，倡导学生热爱祖国、热爱预防医学事业、保护人民健康。

（刘鹏飞）

案例4

著名流行病学家魏承毓

【课程思政素材】

魏承毓，甘肃省甘谷县人，北京大学公共卫生学院教授，我国著名的流行病学家。1947年，魏承毓考入北京大学医疗系。中华人民共和国成立之初，传染病防控事业十分紧迫，1954年毕业时，他毅然服从组织决定，调离内科，投入并不熟悉的流行病学中，跟随来华的苏联专家研究流行病学。两年后，中苏关系恶化，苏联专家离开后，他便全身心地投入流行病学教研工作中。

1961年7月，广东沿海多个地区发生霍乱，卫生部决定组织工作组深入现场指导防治事宜，魏承毓就是其中一员。在广东防治霍乱时期，魏承毓每天都穿梭在田野荷塘间进行调研。一个多月后，霍乱疫情蔓延到海南，他又去了海南。随后，他陆续去了浙江、广西、天津、新疆等地进行疫情调查与处理。

防疫工作需要扎根基层，生活条件极其艰辛。魏承毓不惧条件的艰苦、资料的匮乏，总是深入疫情一线开展工作。“当时就是通过反复的实践、推敲，从实践到理论，再从理论到实践。”魏承毓坚信实践是检验真理的唯一标准。

【课程思政教学设计与实施】

本案例主要是用在预防医学专业的“流行病学”课程中，在介绍“我国防治传染病工作的主要成就”的知识点时，介绍流行病学家魏承毓。

课前：通过学习通平台下发自主学习任务，请同学们以小组为单位，搜集魏承毓的事迹，并且写出对霍乱防治的感悟，制作成 PPT，上传至学习通平台。

课中：在介绍“我国防治传染病工作的主要成就”的知识点时，随机请 1 ~ 2 组代表上台分享他们组在课前搜集的魏承毓为霍乱防治工作做出的贡献及感悟，最后教师进行总结，倡导学生热爱祖国、热爱预防医学事业、保护人民健康。

（刘鹏飞）

案例 5

中华名医孙思邈

【课程思政素材】

孙思邈是唐代著名医学家，他主张行医不应有贪求财物的私念，对患者要有同情爱护之心，不论贵贱亲疏要一视同仁。他著有《备急千金要方》。《大医精诚》出自《备急千金要方》第一卷，是论述医德的一篇极为重要的文献，为习医者所必读。《大医精诚》论述了有关医德的两个问题：第一是“精”，即要求医者要有精湛的医术，认为医道是“至精至微之事”，习医之人必须“博极医源，精勤不倦”。第二是“诚”，即要求医者要有高尚的品德修养，以“见彼苦恼，苦己有之”的感同身受的心，大发“大慈恻隐之心”，诚心诚意为病患解除疾苦。孙思邈的《大医精诚》被誉为“东方的希波克拉底誓言”，中国历代习医者多用它作为准则来严格要求自己。

【课程思政教学设计与实施】

本案例主要是用在临床、口医、康复、预防等专业的“诊断学”课程中，在介绍“课程学习方法与要求”时，有机融入中华名医孙思邈“精诚合一”的医德观。

课前：通过学习通平台发布自主学习内容，请同学们搜集孙思邈的简介及事迹，理解《大医精诚》及对医者的要求。

课中：讲授“诊断学”这门课程的学习方法与要求——要做到四个结合，即人文、理论、实践、思维结合。在讲授“人文”的时候，有机融入孙思邈“精诚合一”的医德观。邀请同学们分享自己对《大医精诚》的感悟，最后教师进行点评总结，激发学生树立救死扶伤、努力为病人解除病痛的意识，鼓励学生不畏艰辛、战胜自我、精益求精、学好技术、学好“诊断学”。

（黄艳娟）

案例6

诺贝尔医学奖获得者屠呦呦

【课程思政素材】

屠呦呦，出生于浙江省宁波市，是抗疟药青蒿素和双氢青蒿素的发现者，第一位获诺贝尔科学奖项的中国本土科学家。1969 年，屠呦呦所在的中国中医研究院接受了一项重要的使命，那就是研究抗疟药物。疟疾是经按蚊叮咬或输入带疟原虫者的血液而感染疟原虫所引起的虫媒传染病。本病主要表现为周期性规律发作，全身发冷、发热、多汗，长期多次发作后，可引起贫血和脾肿大。当时疟疾在全球范围内传播极广，而且难以预防。为了完成抗疟的艰难任务，屠呦呦翻阅了各种古代典籍，收集了 2000 多个药方，经过 380 多次的失败后，终于在 1971 年发现了青蒿素。青蒿素是一种具有高效、速效、低毒优点的新结构类型抗疟药，对各型疟疾有效。屠呦呦让数亿疟疾感染者看到了希望，她的研究挽救了很多人的生命。

【课程思政教学设计与实施】

本案例主要是用在临床、口医、康复、预防等专业的“诊断学”课程中，在讲授间歇热热型时，要求学生掌握间歇热的典型代表疾病疟疾，讲授时有机融入中国首位诺贝尔生理学或医学奖获得者屠呦呦的事迹，培养学生的爱国情怀，增强学生的民族自信心。

课前：通过学习通平台发布自主学习内容，请同学们搜集屠呦呦的简介及事迹，写出自己的感悟。

课中：在讲授完间歇热典型代表疾病疟疾的临床表现后，为了让学生加深对这个疾病的印象，引用屠呦呦的事迹。青蒿素的发现成功拯救了很多疟疾患者，为祖国的传统医学赢得了荣誉。随机请 1 ~2 位同学代表上台分享他们在课前搜集的屠呦呦事迹及他们的感悟，教师对学生代表的感悟进行评价总结：青年学生是祖国的未来，民族的希望，只有拥有高尚的爱国主义情怀，与祖国同呼吸、共命运，才能在社会主义新时代建功立业。作为一名医学生，要努力学好专业知识，不断进取，不断创新，为祖国医学事业的发展做出自己的贡献。

（黄艳娟）

案例 7

村民健康的守护者朱连梅

【课程思政素材】

朱连梅是湖南省郴州市汝城县文明瑶族乡沙洲瑶族村卫生室目前唯一一名村医，是湘潭医卫职业技术学院校友。2015 年，已在广东打工 6 年的朱连梅，报名参加了家乡沙洲瑶族村的乡村医生定向培养项目。在湘潭医卫职业技术学院学习 3 年后，朱连梅于 2018 年上岗，从老村医手中接过了接力棒，做起了村民的“健康管家”。

2020 年 9 月，习近平总书记在汝城沙洲瑶族村考察。当习近平总书记来到村里的卫生室时，朱连梅汇报了卫生室的预诊、分诊功能，并介绍了卫生室常用的药物种类和设备情况。以前，像沙洲村这样建了卫生室却没有村医的情况，在汝城县并不鲜见。如今，汝城县村医、卫生室“空白村”已全面消除。“老百姓有个小病小痛，再也不用跑到乡卫生院去了。”朱连梅说，“总书记参观了留观室、公卫室后说，你做得很好，还要继续做得更好。我会牢记总书记的嘱托。”

【课程思政教学设计与实施】

案例主要是用在临床医学专业“内科学”课程中，在学习“绪论”时，引入身边优秀案例村医朱连梅事迹，培养学生勤奋好学、无私奉献、爱岗敬业、勇于担当的精神。

课前：通过学习通平台发布朱连梅事迹资料。问题讨论“你认为内科和外科有何不同?”“临床上内科有哪些科室?”启发学生思考。

课中：在学习“内科学”的“绪论”时，引入朱连梅事迹，引导学生向朱连梅学习，学习她愿意扎根基层、守护乡村百姓生命健康的初心，学习她爱岗敬业、无私奉献的精神。

（严　利）

案例 8

我国第一支乙肝疫苗试验人陶其敏

【课程思政素材】

陶其敏（1931—2017 年），女，著名实验诊断学专家、免疫学家、肝病专家。

1975 年 7 月 1 日，陶其敏团队研制出我国第一代血源性乙型肝炎疫苗（7571 疫苗）。

检验疫苗是否有效的第一步是进行敏感性和安全性试验，通常先要进行动物试验。但当时，动物试验的条件并不具备，制出的疫苗被锁进了冰箱。陶其敏望着凝聚着研究组几个月心血、克服了重重困难研制出来的疫苗，默默思忖，疫苗做不了安全试验，不能使用，怎么办？疫苗是自己亲手做的，于是她做出了勇敢的决定：在自己身上试验！

1975 年 8 月 29 日下午，陶其敏打开冰箱，取出了一支疫苗，请值班护士把疫苗缓缓地推进自己体内。此后两个月内，她每周抽血 5 毫升进行检测，第三个月转入定期检查，始终没有发现异常。陶其敏取得了第一手试验资料，证明了乙型肝炎疫苗的安全可靠性。血源疫苗研究成功之后，陶其敏将其交给做基因工程的研究机构，以便大规模生产和在人群中推广。根据卫生部的安排，陶其敏把自己制作血源疫苗的技术和整个工艺无偿给了长春生物制品研究所。就这样，中国的第一支乙肝疫苗在它的研制者身上注射并研究成功。

【课程思政教学设计与实施】

本案例主要用在“内科学”课程“肝硬化”的教学中。肝硬化的第一大病因为病毒性肝炎的感染，其中主要类型为乙型肝炎。在教学时融入我国第一支乙肝疫苗试验人陶其敏教授的生平事迹。

课前：在学习通平台上发布学习任务清单，要求学生预习“肝硬化”课本内容，以小组为单位，上网查阅陶其敏教授相关资料，并且写出对陶其敏教授事迹的感悟，制作成 PPT，上传至学习通平台。

课中：在介绍“乙肝病毒”“肝硬化”的知识点时，随机请 1 ~ 2 组代表上台分享他们组在课前搜集的陶其敏教授的事迹及他们对事迹的感悟，其他组的成员可以发表不同意见或补充，最后教师进行总结，倡导学生学习陶其敏教授热爱肝病事业、无私奉献、勇于献身的崇高精神。

（严　利）

案例 9

“中国外科之父”裘法祖

【课程思政素材】

裘法祖（1914—2008 年），著名医学家，中国现代普通外科的主要开拓者，肝胆外科和器官移植外科的主要创始人和奠基人之一，晚期血吸虫病外科治疗的开创者，被誉为“中国外科之父”。

裘法祖出生于杭州一个书香世家，18 岁那年，学习成绩优异的他考进了同济大学医学院预科班学习德语。1 年后，他的妈妈因为阑尾炎去世，从那一刻起，他决心学医。1936 年，裘法祖只身远赴德国留学。3 年后，他以 14 门全优的成绩，拿到了德国医学博士学位，还获得了德国外科专门医师证书。

1946 年底，他已经在德国娶妻生子，并且拥有了良好的社会地位，还买了房子和汽车。但他毅然卖掉所有资产，带着妻子和孩子踏上了回国的海轮。回国后，裘法祖在手术中确诊了全世界第一例临床脑血吸虫病，筹建了我国第一所器官移植研究所，并建立起第一个器官移植病房。在临终前，裘法祖把 100 多万元的科研奖金全部捐出，设立了裘法祖青年外科科学家奖。

【课程思政教学设计与实施】

本案例主要用在临床医学专业的“外科学”课程中，在介绍“外科简史”知识点和“胆道疾病手术治疗原则”知识点时，融入裘法祖的生平简介。

课前：通过学习通平台下发自主学习任务，请同学们以小组为单位，搜集裘法祖的简介及事迹，并将自己认为裘法祖最值得学习的地方制作成小卡片，上传至学习通平台。

课中：在介绍“胆道疾病手术治疗原则”的知识点时，抽选 1 组代表上台分享他们组在课前搜集的裘法祖事迹，再随机选取 1 组代表分享他们认为裘法祖最值得学习的地方，最后教师进行总结，倡导学生学习裘法祖热爱祖国、无私奉献、敢为人先、勇于探索的崇高精神。

（曾　礼）

案例 10

草原的“好曼巴”王万青

【课程思政素材】

王万青生于上海。1968 年，王万青从上海第一医学院毕业，为响应党的号召，自愿来到条件极为艰苦的甘南藏族自治州玛曲县工作。在那以后的 43 年里，他始终坚守当初立下的誓言，把自己的工作热情全部融入广阔的草原，全心全意为牧民解除病痛。

在长期的草原行医过程中，王万青认识到，要减轻藏区群众的病痛，光靠看病还不够，没有完善的基础医疗普查就没有藏区健康状况的根本改善。8 年时间，王万青一人完成了阿万仓乡人畜共患的布鲁氏菌病的普查摸底，完成了全乡牧民孩子的计划免疫。因为重视防疫，20 世纪 80 年代中期，在阿万仓乡，很多传染病已经得到有效控制，惠及牧民群众达 1500 多人。

在玛曲县阿万仓卫生院的 20 余年时间里，王万青每年接诊病人 3500 余人次，20 年累计接诊 7 万余人次，累计手术上万例。在当时医疗设备不足、基础设施极其简陋的条件下，王万青以精湛的医术，以一名医生高度的责任心成功救治了无数个生命垂危的患者。

【课程思政教学设计与实施】

本案例主要用在临床医学专业的“外科学”课程中，在介绍“腹部损伤患者的鉴别和诊疗”的知识点时，融入王万青事迹。

课前：通过学习通平台下发自主学习任务，请同学们以小组为单位，搜集阿万仓草原上基层医生王万青的简介及事迹，并将王万青的其中一个故事制作成 PPT，上传至学习通平台。

课中：在介绍“腹部损伤患者的鉴别和诊疗”的知识点时，教师选择故事脉络清楚、有教育意义、与本堂课内容相关的 1 组代表课前搜集的王万青事迹，请他们上台分享，再随机选取 1 组代表分享他们的感受，最后教师进行总结，倡导学生学习王万青爱岗敬业、艰苦奋斗、执着追求的崇高精神，学习他勇于吃苦、乐于奉献、回报社会、在平凡的工作岗位上实现自己的人生观与价值观。

（曾　礼）

案例 11

“中国肝胆之父”吴孟超

【课程思政素材】

吴孟超，1922 年 8 月出生于福建省，1949 年毕业于同济大学医学院，著名肝胆外科专家，中国肝脏外科的开拓者和主要创始人。

原发性肝癌是世界上最常见的恶性肿瘤之一。我国每年新诊断的肝癌患者占全球一半以上，在我国恶性肿瘤中，肝癌发病率位居第四位，死亡率位居第二位。

20 世纪 50 年代末，肝脏的内部结构在中国医学界还是个谜，肝脏外科被称作禁区，没有医生涉及。吴孟超说：“世界肝脏外科界不能没有中国的声音。”1959 年，吴孟超成功制作出中国第一具结构完整的人体肝脏血管模型，这让吴孟超和同事们在肝脏解剖研究上取得了重大突破。此后，吴孟超又创造了中国肝胆外科领域的众多第一。

在吴孟超长达 75 年的从医生涯里，他拯救了超过 16000 名患者的生命。中国肝胆外科的中坚力量，80% 是他的学生或是学生的学生。现在，我国肝癌手术成功率从不到 50% 提高到了 90%。96 岁生日当天，吴孟超还站上了手术台，只在手术结束后戴上纸片做的生日帽，匆匆吃了一块蛋糕。吴孟超曾幽默地说：“我就恨自己现在回不到 60 岁了，要不然还可以多出些门诊，多看些病人。”

【课程思政教学设计与实施】

本案例主要用在临床医学专业的“外科学”课程中，在介绍“肝癌及肝脓肿患者诊疗中的肝脏解剖”知识点时，融入“中国肝胆之父”吴孟超的事迹。

课前：通过学习通平台下发自主学习任务，请同学们以小组为单位，搜集吴孟超的简介及事迹，并将其中一个故事制作成 PPT，上传至学习通平台。

课中：在介绍“肝脏解剖”的知识点时，教师选择故事脉络清楚、有教育意义、与本堂课内容相关的 1 组代表课前搜集的吴孟超事迹，请他们上台分享，再随机选取 1 组代表分享他们的感受，最后教师进行总结，倡导学生学习吴孟超对党忠诚、矢志报国的坚定信念，学习他无私奉献、情系人民的高尚品格，学习他积极探索、开拓创新的进取精神。

（曾　礼）

案例 12

中国孕产妇死亡率持续下降

【课程思政素材】

妇女儿童健康是全民健康的基石，是衡量社会文明进步的标尺，是人类可持续发展的基础和前提。中国共产党和中国政府历来高度重视妇女儿童健康，将其作为保护妇女儿童权益，促进妇女儿童全面发展的重要基础性工作。

孕产妇死亡率是反映一个国家或地区政治、经济、文化及卫生工作的主要指标。产后出血是导致孕产妇死亡的重要原因。中华人民共和国成立前，妇幼健康服务能力不足，广大农村和边远地区缺医少药，孕产妇死亡率高达 1500/10 万，婴儿死亡率高达 200‰。中华人民共和国成立后，妇幼健康事业面貌焕然一新，妇女儿童健康水平不断提高。1990 年，全国孕产妇死亡率为 88. 8/10 万。2018 年，全国孕产妇死亡率下降到 18. 3/10 万，婴儿死亡率下降到 6. 1‰。2020 年，全国孕产妇死亡率为 16. 9/10 万，婴儿死亡率为 5. 4‰，5 岁以下儿童死亡率为 7. 5‰。我国妇幼健康事业历经多年的探索和努力，孕产妇死亡率等妇幼健康核心指标得到持续改善，妇女儿童健康水平进一步提高。

妇幼健康关乎每一个家庭。顺应新形势下广大妇女儿童的健康需求，我国正向实现妇幼健康事业高质量发展迈进。我国城市的孕产妇死亡率逐渐接近发达国家的水平（死亡率为 10/10 万以下）。

【课程思政教学设计与实施】

本案例主要用在临床医学、预防医学等专业的“妇产科学”课程中，在介绍“分娩期并发症的严重后果”时融入我国孕产妇死亡率逐年下降的可喜变化。

课前：通过学习通平台下发自主学习任务，请同学们以小组为单位，搜集我国孕产妇死亡率变化的数据，并且初步分析孕产妇死亡率数据变化的原因，制作成 PPT，上传至学习通平台。

课中：在介绍“分娩期并发症的严重后果”知识点时，请 1 ~ 2 组代表分享他们组在课前搜集的孕产妇死亡率变化的数据，并初步分析数据变化的原因。每组代表分享后给 1 ~ 2分钟时间，让其他同学分析数据变化的原因。最后教师进行总结：一组组数据诉说着我国妇幼健康事业的如歌征程，提振着妇幼人的如虹士气。这一振奋人心的变化，是由于中国共产党向来把人民群众身体健康安全放在首位的指导方针，引导学生树立制度自信，热爱党，热爱祖国。

（祝　艳）

案例 13

最小革命烈士宋振中

【课程思政素材】

1941 年，宋振中出生于江苏邳州。1941 年底，8 个月大的宋振中随母被捕入狱，在敌人的魔窟里度过了童年，受尽了国民党反动派的摧残和折磨。牢房狭小，阴暗潮湿，终年不见阳光。由于严重缺乏营养，发育不良，头大身小，难友们都称他为“小萝卜头”。

在敌人的监狱里，他没有机会上学。经过地下党的斗争，宋振中只能在监狱里由地下党员和爱国将领做他的老师。虽然没有纸、笔，没有教科书，但他学习非常努力、刻苦，进步很快。因年龄小，行动相对自由，成为狱中为难友们传递消息的“小交通员”。小萝卜头做了许多成年革命者不能做的工作，为打倒反动派，建立中华人民共和国立下了不朽的功劳。

1949 年 9 月 6 日，宋振中被国民党特务杀害于重庆，年仅 8 岁。重庆解放后，宋振中被追认为革命烈士，英名被后人铭记。

【课程思政教学设计与实施】

本案例用于临床医学、预防医学专业的“儿科学”课程中，在介绍“营养性维生素 D 缺乏性佝偻病”的病因时，融入“小萝卜头”宋振中的感人事迹。

课前：通过学习通平台发布思考题：① 维生素 D 及甲状旁腺的生理作用是什么？② 维生素 D 的来源有哪些？③ 维生素 D 缺乏与骨骼异常有什么关系？引导学生课前预习，激发学生学习兴趣。教师课前查看学生解答情况。

课中：在讲授营养性维生素 D 缺乏性佝偻病病因的时候，播放最小革命烈士宋振中的视频，随机请2位同学发表感悟，之后让同学们回忆一下自己8岁前的生活，对比“小萝卜头”的生活环境，让同学们更清楚地知道现在的幸福生活来之不易。没有革命先烈的无私奉献，难以想象我们现在的生活会如何。身处和平年代的我们，更要严格要求自己，努力学习，为实现中华民族伟大复兴贡献自己的力量。

（邓 娟）

案例14

红军长征中的数据

【课程思政素材】

红军长征共用368天，其中白天行军235天；翻越了18座山，其中5座山终年积雪；横渡24条大河；作战共380次，大作战15天。这些数据淋漓尽致地展示出红军长征的艰难和伟大。对学生进行爱国主义教育，引导学生深刻认识到今天幸福生活来之不易，大学生要继承、发扬红军的革命精神、英雄气概，汲取战胜困难的力量，在学习、成长的道路上不惧困难、勇于突破。

【课程思政教学设计与实施】

本案例主要用在预防医学专业的“卫生统计学”课程中，在介绍“数据类型”的知识点时，融入红军长征的介绍。

课前：通过学习通平台下发自主学习任务，请同学们以小组为单位，搜集红军长征故事，并且写出对红军长征故事的感悟，制作成PPT，上传至学习通平台。

课中：随机请1~2组代表上台分享他们组在课前搜集的红军长征故事，每组代表分享后给1~2分钟时间，请讲台下的其他同学发表听了红军长征故事后的感悟，最后教师进行总结。

（刘鹏飞）

案例15

我国少儿卫生事业奠基人叶恭绍

【课程思政素材】

叶恭绍（1908—1998年），女，广东番禺人，我国儿童少年卫生学家。她1930年毕业于燕京大学理科学系，1935 年毕业于协和医学院，获医学博士学位。

太平洋战争爆发后，日军占领了协和医学院，强令医学院停办。这时，北平市第一卫生事务所还在继续维持，叶恭绍被聘任为妇幼卫生组长，工作了一年。1943 年，她历尽千辛万苦到了抗战的后方重庆，进入已迁到重庆歌乐山的中央卫生实验院任实用营养组主任。抗战胜利后，她回到北平转入中央卫生实验院北平分院，创办了妇婴保健所，致力于婴幼儿保健工作。1982 年，她建立了少儿卫生研究所。在叶恭绍的主持、指导下，少儿卫生研究所迅速发展并培养出了大批人才。

半个多世纪以来，叶恭绍在儿童少年卫生、预防医学、科普工作等方面所作的贡献，不仅造福了千千万万的青少年，而且促进了整个民族健康水平的提高。她在 84 岁高龄的时候还在继续为提高中国儿童青少年的健康素质，不知疲倦地工作着。看到研究所的壮大，叶恭绍情不自禁地说："研究所的创建是我毕生所做的最重要的一件事。"

【课程思政教学设计与实施】

本案例用于临床医学、预防医学专业的"儿科学"课程中，在儿童保健中讲到"计划免疫"的概念时，融入叶恭绍教授的先进事迹。

课前：通过学习通平台下发自主学习任务，请同学们以小组为单位，搜集我国少儿卫生事业奠基人叶恭绍教授的先进事迹，并写出感悟，制作成 PPT，上传至学习通平台。

课中：在讲授"计划免疫"的概念时，随机请 1 ~2 组代表上台分享他们组在课前搜集的叶恭绍教授的事迹及他们对事迹的感悟，每组代表分享后给 1 ~2 分钟时间，请讲台下的其他同学发表他们在听小组代表分享叶恭绍教授事迹时自己的感悟，最后教师进行总结，倡导学生学习叶恭绍教授热爱祖国、热爱卫生事业、无私奉献、不辞艰辛的崇高精神。

（邓　娟）

案例 16

医学之父希波克拉底

【课程思政素材】

希波克拉底，古希腊伯里克利时代的医师，被西方尊为"医学之父"，西方医学奠基人。他订立了《希波克拉底誓言》："我要遵守誓约，矢志不渝。对传授我医术的老师，我要像父母一样敬重。对我的儿子、老师的儿子以及我的门徒，我要悉心传授医学知识。我要竭尽全力，采取我认为有利于病人的医疗措施，不能给病人带来痛苦与危害。我不把毒药给任何人，也决不授意别人使用它。我要清清白白地行医和生活。"直至今天，《希波克拉底誓言》仍是医学界发出的行业道德倡议书，是从医人员入学第一课要学的重要内容。希波克拉底把疾病看作是发展着的现象，改变了当时医学中以巫术和宗教为根据的观念，他认为医师所应医治的不是病而是病人，他有一句名言："医生有三大法宝，语言、药物和手术刀。"强调医患沟通对患者人文关怀的重要性。

【课程思政教学设计与实施】

本案例主要用在临床、口医、康复、预防等专业的"诊断学"课程中，在模拟问诊实践时，有机融入医学之父希波克拉底的事迹和名言，加强学生医患沟通的能力，强调对患者人文关怀的重要性，提升学生职业素养。

课前：通过学习通平台发布预习任务，请同学们搜集医学之父希波克拉底的事迹及名言，写出对希波克拉底的事迹及名言的感悟。

课中：在讲授问诊的方法和技巧时，引用希波克拉底的事迹和名言"医生有三大法宝，语言、药物和手术刀"。随机请 1 ~ 2 位同学代表上台分享自己对这句名言的理解及领悟。教师对学生代表的发言进行评价总结：医生的语言就像医生的刀子一样，可以救人也可以伤人，正面的语言和负面的语言有着不同的效果。交流与沟通是一门处事艺术，是人们在社会交往中必备的技能，而良好的交流与沟通技巧能收到事半功倍的效果。医生与患者的交流沟通甚至直接决定了对患者的诊治方案，并将影响最终的临床疗效。向学生强调，要加强医患沟通能力，重视对患者的人文关怀，提升职业素养。

（黄艳娟）

第三章　口腔医学篇

案例 1

口腔解剖生理学奠基人王惠芸

【课程思政素材】

王惠芸，女，1920 年生，四川荣县人，我国著名口腔医学家、口腔解剖生理学创始人，1945 年毕业于华西协和大学医学院，获牙医博士学位，后留校任教。

王惠芸是我国口腔解剖生理学和牙合学的开拓者和奠基人。她收集整理分析了 15 万颗牙齿，确切掌握了中国人牙齿形态的第一手数据，发表《中国人牙的测量和统计》，为我国口腔临床治疗提供了理论依据，并成为从事牙体形态学研究必须参阅的经典文献。王惠芸主编的《牙体解剖生理学》是最早由中国人按自己的教学方式编写的教科书。20 世纪 80 年代，王惠芸在国内率先研制成功颌面肌电系列设备，极大地推动了我国口腔基础医学的发展。

王惠芸心存仁厚、大爱无疆，是医德高尚的楷模。她常说，医术不论高低，医德最为重要。她强调，做医生不难，做好医生难，一辈子做好医生更难。她毕生实践这些信念，全心全意为病人服务，备受患者赞誉。

【课程思政教学设计与实施】

本案例主要用在口腔医学、口腔医学技术专业的“口腔解剖生理学”课程中，在介绍“口腔解剖生理学发展史”的知识点时融入我国口腔解剖生理学的奠基人王惠芸教授的生平简介。

课前：通过学习通平台下发自主学习任务，做好相关知识点的预习。

课中：在介绍“口腔解剖生理学的发展史”时，重点介绍王惠芸教授的先进事迹。倡导学生学习王惠芸教授热爱祖国、热爱口腔事业、仁厚爱心、不辞辛苦的崇高精神。

（王　炜）

案例 2

拔错牙事件

【课程思政素材】

2016 年 10 月 27 日，患者小姜来到成都高新区某口腔医院拔牙，结果医生拔掉的是一颗原本健康的牙齿。在这次拔牙事故中，医院犯下了一连串致命错误。

（1）诊断错误。他坏的牙齿明明是“左下牙”，但在确诊单上，医生却写着“右上牙”。

（2）收费单错误。收费单上，又错写成了“左上牙”。

（3）手术错误。最终导致小姜一颗好的“左上牙”被拔掉了。

患者的问题则是：在接过确诊单后，并没有仔细阅读，便快速地签下字，也有责任。

在拔错牙以后，医院没有及时解决处理，反而打出一张清单：综合收费 10 元、口内治疗 198 元、麻药费 120 元，共计 328 元。事后，院方提出愿意赔偿 500 元。由于医患双方不能达成和解，最后患者向成都高新区法院提起诉讼。

【课程思政教学设计与实施】

本案例主要是用在口腔医学、口腔医学技术专业的“口腔解剖生理学”课程中，在讲解牙体解剖部分的牙位记录知识点时融入拔错牙案例。

课前：通过学习通平台下发自主学习任务，做好相关知识点的预习。

课中：介绍临床牙位记录的各种方法，有部位记录法、通用编号系统、国际牙科联合会系统。重点强调部位记录法是我国正在应用的牙位记录法。倡导学生工作严谨细心、热爱口腔事业。

（王　炜）

案例 3

中国古代口腔四大发明

【课程思政素材】

“四大发明”是中华民族推动人类文明进步所作的巨大贡献，是民族智慧的结晶。在医学领域，我国亦有许许多多的创造发明造福人类，口腔医学的“四大发明”即是一例。

口腔医学的“四大发明”指的是砷剂失活、银膏充填、植毛牙刷和牙齿复安。汉代张仲景（公元2世纪）所著《金匮要略》中记载的用砷剂失活治龋齿，比欧洲早1700年。唐代苏敬等编撰的《唐本草》中记载的用银膏补牙的技术，欧洲从19世纪才开始使用。辽代墓中已有植毛牙刷，宋代已有多篇文章讨论牙刷与口腔卫生，而欧洲直到18世纪才开始使用牙刷。由宋代王怀隐等编著的《太平圣惠方》与《圣济总录》中详细记载了牙齿再植的方法，当时称“复安”，而欧洲到19世纪才有这种技术。

【课程思政教学设计与实施】

本案例主要用在口腔医学专业“口腔内科学”课程中，在介绍口腔内科学的发展简史中的“古代人类对牙齿疾病的认识与治疗”知识点时，融入中国古代四大发明及中国古代口腔四大发明，以弘扬中华优秀传统文化，培养学生的爱国情怀。

课前：通过学习通平台下发自主学习任务，请同学们以小组为单位，搜集中国古代口腔四大发明的相关资料，制作成PPT，上传至学习通平台。

课中：在介绍古代人类对牙齿疾病的认识与治疗时，随机请1～2组代表上台分享他们制作的关于中国古代口腔四大发明的PPT，并发表自己在收集资料过程中的感悟。最后教师进行总结，倡导学生弘扬爱国主义精神。

（李　娜）

案例4

口腔颌面外科专家邱蔚六

【课程思政素材】

邱蔚六，我国著名的口腔颌面外科专家，1932年10月出生于四川省成都市，2001年12月当选为中国工程院院士，是迄今中国口腔医学界第一位院士。

口腔颌面部疾病，尤其是头颈肿瘤，是危害人类健康最重要的疾病之一，而侵犯到颅底的晚期颌面部恶性肿瘤一度被视作医学“禁区”。40年前，一位身患颞下窝肉瘤的患者找到邱蔚六，当时肿瘤已侵犯到颅底，肿瘤导致的神经疼痛使这个30岁的年轻人痛不欲生。那段时间，邱蔚六查文献，搞解剖研究，每天工作10小时以上。经过半年摸索，一套侵犯颅底口腔颌面部的恶性肿瘤手术方案终于出炉。1978年6月，邱蔚六与尚汉祚终于将手术刀探进了颅底这块“禁区”，经过7小时的“鏖战”，这位年轻患者的肿瘤被完整切除。

【课程思政教学设计与实施】

本案例主要用在口腔医学专业的“口腔颌面外科学”课程中，在介绍“口腔颌面外科发展史”时融入中国口腔医学界第一位院士邱蔚六教授的生平简介及人生贡献。

课前：通过学习通平台下发自主学习任务，请同学们以小组为单位，搜集邱蔚六教授的生平简介及事迹，并且写出对邱蔚六院士生平事迹的感悟，制作成 PPT，上传至学习通平台。

课中：在介绍“口腔颌面外科发展史”的知识点时，随机请 1 ~ 2 组代表上台分享他们组在课前搜集的邱蔚六院士的事迹及他们对事迹的感悟，每组代表分享后给 1 ~ 2 分钟时间，请讲台下的其他同学发表他们在听小组代表分享邱蔚六院士事迹时自己的感悟，最后教师进行总结，倡导学生学习邱蔚六院士服务患者、救死扶伤、突破陈规、大胆探索、勇于创新的崇高精神。

（马康黎）

案例 5

科学虽没有国界，但是科学家却有自己的祖国

【课程思政素材】

路易·巴斯德，法国著名微生物学家、化学家，“微生物学鼻祖”。他发明了“巴氏杀菌法”，即把酒放在五六十摄氏度的环境里，保持半小时，就可杀死酒里的乳酸杆菌，既不破坏营养成分，又能杀死细菌。这一发明拯救了法国的酿酒业，推动了世界食品工业的发展。如今我们常见的巴氏鲜牛奶就是采用巴氏杀菌法。和巴氏杀菌法一样影响深远的还有巴斯德的著名言论：“科学虽没有国界，但是科学家却有自己的祖国。”这句话深深烙在一代代科学家心里。

【课程思政教学设计与实施】

本案例主要是用在口腔医学专业的“口腔预防医学”课程中，在介绍口腔保健中的感染与控制模块中“消毒”的知识点时，融入巴氏杀菌法奠基人巴斯德的著名言论。

课前：通过学习通平台下发自主学习任务，请同学们以小组为单位，将对“科学虽没有国界，但是科学家却有自己的祖国”这句话的感悟，制作成 PPT，上传至学习通平台。

课中：在介绍“消毒”的知识点时，随机请 1 ~ 2 组代表上台分享他们组关于“科学虽没有国界，但是科学家却有自己的祖国”这句话的感悟。最后教师进行总结：科技强则国强，科技兴则民族兴。科学没有止境，没有国界，但是科学家都有养育和培养自己的祖国，希望同学们把成果写在祖国的大地上，时刻铭记自己的祖国。

（李　娜）

案例6

陶瓷的溯源

【课程思政素材】

陶瓷是将黏土以及各种天然矿物经过粉碎混炼、成型和煅烧制得的材料以及各种制品。陶瓷的主要产区为景德镇、高安、丰城、萍乡、佛山、潮州、德化、醴陵、淄博等地。

在中国，制陶技艺的产生可追溯到公元前4500年至公元前2500年。可以说，中华民族发展史中的一个重要组成部分就是陶瓷发展史，中国人在科学技术上的成就以及对美的追求与塑造，在许多方面都是通过陶瓷制作来体现的，并形成了各时代非常典型的技术与艺术特征。早在欧洲掌握制瓷技术之前1000多年，中国已能制造出相当精美的瓷器。从我国陶瓷发展史来看，一般是把“陶瓷”这个名词一分为二，分为陶和瓷两大类。中国传统陶瓷的发展，经历了一个相当漫长的历史时期。陶瓷种类繁杂，工艺特殊。所以，对中国传统陶瓷的分类，除考虑技术上的硬性指标外，还需要综合考虑传统的习惯分类方法，结合古今科技认识上的变化，才能更为有效地得出归类结论。

【课程思政教学设计与实施】

本案例主要是用在口腔医学技术专业的“口腔材料学”课程中，在介绍口腔无机非金属材料模块的“烤瓷材料”知识点时，引入我国陶瓷发展史。

课前：通过学习通平台下发自主学习任务，请同学们以小组为单位，搜集中国的陶瓷发展史相关资料，制作成PPT，上传至学习通平台。

课中：在介绍“烤瓷材料”的知识点时，随机请1～2组代表上台分享他们组在课前制作的中国陶瓷发展史的PPT，并发表自己在收集资料过程中的感悟。最后教师进行总结，倡导学生弘扬爱国主义精神。

（李　娜）

案例7

大国工匠洪家光

【课程思政素材】

洪家光，1979年12月生，全国劳动模范，中国航发沈阳黎明航空发动机有限责任公司工人。

以往，只有少数国家掌握航空发动机叶片滚轮精密磨削技术。如今，通过自主研发，洪家光团队也掌握了一套核心技术。最初，洪家光利用业余时间牵头研制航空发动机叶片滚轮精密磨削技术时，周围人并不看好。大家都觉得他一个产业工人就要干好自己的活，不应来搞什么发明创造。大家的担心不无道理，对一个工人来说，搞研发需要空气动力学、力学、化学等方面系统的理论知识，这不是光靠苦练就可以迅速掌握的，但是洪家光不服气，他一本本书地啃，向一个个专家请教。

经过5年多的努力，1500多次尝试，洪家光团队最终打破国际技术垄断，研发出一套成熟的航空发动机叶片滚轮精密磨削技术，为以后的数控化制造和批量生产打下基础。2018年1月，39岁的洪家光获得了国家科技进步二等奖。

洪家光，从普通技工到车工、数控车双料高级技师，再到特级技能师、高级工程师，先后完成200多项技术革新，解决340多个技术难题。他用自己的不懈努力，在生产一线上创新进取、砥砺前行，成为广大劳动群众的优秀代表。

【课程思政教学设计与实施】

本案例主要是用在口腔医学技术专业的“固定义齿修复工艺技术”课程中，在介绍“固定义齿制作过程”时，融入大国工匠洪家光的生平简介及人生贡献。

课前：通过学习通平台下发自主学习任务，请同学们以小组为单位，搜集大国工匠洪家光的生平简介及事迹，并且写出对大国工匠洪家光生平事迹的感悟，制作成PPT，上传至学习通平台。

课中：在介绍“固定义齿制作过程”的知识点时，随机请1～2组代表上台分享他们组在课前搜集的大国工匠洪家光的事迹及他们对事迹的感悟，每组代表分享后给1～2分钟时间，请台下其他同学发表他们在听小组代表分享大国工匠洪家光事迹时自己的感悟，最后教师进行总结：倡导学生学习洪家光对自己所从事的职业充满感情、充满忠诚、甘于奉献、精益求精的职业品德。

（马康黎）

案例8

我国著名口腔医学专家周继林

【课程思政素材】

周继林1917年生于湖南长沙。1935年，周继林从长沙周南女中毕业，同年考入南京国立中央大学首届牙医专科班。

1942年，周继林被派往贵阳红十字会救护总队任医师，对抗战伤员进行救治。尽管他忧国忧民，一心想为患者造福，可当时一方面口腔医学人才奇缺，另一方面，设备简陋，条件有限，致使许多学术难题无法解决。1946年，抱着学医救国的理想，周继林赴美国费城维利费治总医院颌面中心进修口腔颌面修复学。1954年，周继林作为全国抗美援朝战伤治疗研究组成员，被派往位于辽阳市的解放军201医院，对抗美援朝口腔颌面创伤伤员进行救治。伤员口颌面伤情之严重和复杂，远远超出了想象，有的下颌骨被炸成粉碎性骨折，有的鼻子或耳朵缺失，更严重者双目失明。在这里，周继林与专家组成员不分昼夜，全力救治一批批前线伤员，用他们医者父母心的博爱和精湛的医术帮助无数患者修复颌面部缺损，减轻痛苦。

【课程思政教学设计与实施】

本案例主要用在口腔医学技术专业的“全口义齿工艺技术”课程中，在全口义齿颌位关系记录模块中介绍“垂直距离回复不正确的影响”的知识点时，引入周继林教授事迹。

课前：通过学习通平台下发自主学习任务，请同学们以小组为单位，搜集周继林教授的事迹，制作成PPT，上传至学习通平台。

课中：在介绍“垂直距离回复不正确的影响”的知识点时，随机请1~2组代表上台分享他们组在课前制作的周继林教授事迹的PPT，并发表自己在收集资料过程中的感悟。最后教师进行总结，倡导学生弘扬方寸口腔、大医仁心精神，引导学生热爱祖国、热爱口腔医学技术事业，培养学生的责任意识。

（解丽华）

案例9

未签署知情同意书导致医疗事故

【课程思政素材】

2009年，朱某因“身目黄染，双下肢水肿1月余”，入住广州市某医院消化内科病区诊治，在做手术前，医院没与朱某签署知情同意书，也没有将手术治疗目的、效果及可能发生的并发症等情况向朱某解释清楚，导致朱某对手术的结果期望过高，对病情恶化的结果缺乏心理准备，最终引起诉讼。

律师分析，根据《医疗事故处理条例》的规定，医疗机构及其医务人员应当将患者的病情、医疗措施、医疗风险等如实告知患者。根据《中华人民共和国侵权责任法》的规定，医务人员在诊疗活动中应当向患者说明病情和医疗措施。需要实施手术、特殊检查、特殊治疗的，医务人员应当及时向患者说明医疗风险、替代医疗方案等情况，并取得其书面同意；不宜向患者说明的，应当向患者的近亲属说明，并取得其书面同意。医务人员未尽到义务，造成患者损害的，医疗机构应当承担赔偿责任。

本案中，虽然医院没有治疗上的失误，但是进行手术前没与朱某签署知情同意书，也没有将手术治疗目的、效果及可能发生的并发症等情况向朱某解释清楚。因此，医院未尽到相关告知义务及未签署相关同意书，如对朱某造成了损害，朱某能证明相关损害事实的存在，医院应承担相应赔偿责任。

【课程思政教学设计与实施】

通过引入未签署知情同意书导致医疗事故的真实案例，明确签订知情同意书的重要性，树立严谨细致的工作作风。

课前：通过学习通平台下发自主学习任务，请同学们以小组为单位，讨论相关案例。

课中：随机请 1 ~2 组代表上台发表自己的感悟，分享他们讨论的结果。学生两两一组，互为医患，真实体验患者感受，通过换位思考，切实为患者考虑，从而更好地培养学生的法律意识。

（吴　敏）

第四章　眼视光技术篇

案例 1

立体视觉的发现者惠斯通

【课程思政素材】

惠斯通，1802 年 2 月 6 日生，英国物理学家。他发明的电桥使他几乎家喻户晓，而他最大的贡献是他 1838 年发明的实体镜，使得被人们忽视了几千年的立体视觉现象被发现。

他在设计电声仪器时，偶然发现在两块金属平板里反射出来的略有差别的蜡烛火焰图像，如果分别被两眼同时看见，融合后就会有实体感。他反复琢磨，最后发明了实体镜。1838 年，他公布了自己的发明，并称之为视觉理论的新事实。他指出双眼中两个稍稍不同的图像的结合产生了实体感。这是一种以前没有观察到的现象，他称之为立体视觉。

其实，双眼仪器早就被发明，立体视觉现象被成千上万的人看到过，但是为什么直到惠斯通才提出立体视觉呢？惠斯通对自己的发现是这样评价的，他说，这事很奇怪，类似这样的现象已经被看见成千上万次，但从来没有足够的注意力让它成为哲学观察的主体，直到偶然被他注意到。1987 年，J. Wade 同意 1942 年波林对立体视觉发现的评价。他说，惠斯通能发现立体视觉，不是因为他站在巨人的肩上，看得更清楚，而是因为他不熟悉他们的工作。换句话说，偏见比无知离真理更远，旧的依据视觉方向解释双眼单视的理论从思想上阻碍了立体视觉的发现。

【课程思政教学设计与实施】

本案例主要用在眼视光技术专业的“双眼视功能检查技术”课程中，在介绍“立体视觉”的知识点时，融入惠斯通发现立体视觉的案例。

课前：通过学习通平台下发自主学习任务，请同学们以小组为单位，搜集视觉理论的发展史及惠斯通发现立体视觉的资料，并将收集的资料制作成 PPT，上传至学习通平台。

课中：在介绍“立体视觉”知识点时，随机请1～2组代表上台分享他们组在课前搜集到的发现立体视觉的资料，并让学生分析讨论，为何立体视觉现象的发现者会是一个之前并没有研究视觉领域的物理学家惠斯通。最后，教师进行总结，倡导学生打破权威思想的束缚，消除固有偏见，突破创新，获得更好的发展。

（林秋阳）

案例2

举重冠军龙清泉

【课程思政素材】

龙清泉，1990年12月3日出生于湖南省湘西土家族苗族自治州龙山县，2008年北京奥运会男子举重56公斤级冠军。

2016年，里约奥运会男子举重56公斤级A组决赛，龙清泉取得307公斤（抓举137公斤，挺举170公斤）的总成绩。时隔8年，龙清泉再次获得了该级别奥运冠军！同时，龙清泉打破了土耳其选手穆特鲁保持了16年之久的305公斤总成绩的世界纪录。朝鲜选手严润哲以303公斤获得亚军，泰国选手克鲁埃通以289公斤获得季军。龙清泉可以挺举170公斤，那么他究竟能将170公斤的重物举起多久呢？

【课程思政教学设计与实施】

本案例主要是用在眼视光技术专业的“双眼视功能检查技术”课程中，在介绍“调节需求与调节幅度”的知识点时，融入举重冠军龙清泉的介绍。

课前：通过学习通平台下发自主学习任务，请同学们以小组为单位，搜集举重运动员的资料，讨论案例问题：170公斤挺举，举重冠军龙清泉能举起多久？

课中：在介绍“调节需求与调节幅度”的知识点时，随机请1～2组代表上台分享他们组在课前搜集到的举重运动员的资料，并让学生分析讨论，回答案例中的问题。最后教师进行总结，以举重运动员举重类比调节需求与调节幅度，让同学们理解调节幅度是调节极限，全部拿来满足调节需求时，是必然不能持久的。引导学生理解无论是举重、人眼调节，还是工作生活，都应劳逸结合才能长久发展下去。

（林秋阳）

案例 3

眼科专家缪天荣

【课程思政素材】

缪天荣（1914—2005 年），浙江瑞安人，我国著名眼科专家，对数视力表和五分记录法发明人，国家《标准对数视力表》的起草人。

缪天荣是我国眼视光学的开拓者，他 1959 年研制出的对数视力表，达到国际先进水平。1973 年，他指导研制成功 900 型裂隙灯显微镜。1986 年，《对数视力表》在第 25 届国际眼科大会（罗马）宣读，引起轰动。1990 年，《标准对数视力表》被制定为国家标准（GB 11533—89），并在全国实施。

从对数视力表问世到在全国实施，历时 30 多年。缪天荣为了推广它，几乎耗费了一生的精力。为了推广视力表，30 多年来，缪天荣几乎参加了所有的医学推介会，发表了很多学术论文。为了证明自己研究的科学性，通常仅仅是核对一个数字，缪天荣就需要翻阅无数的材料。受卫生部委托，缪天荣和王勤美着手对《标准对数视力表》进行修订。已经一刻也离不开氧气瓶，连说话都有困难的缪天荣开始了人生的“遗作”。推广和完善《标准对数视力表》始终是他割舍不下的心愿，就在临终前的几天里，缪天荣还坚持查阅厚重的专业书籍。因为《标准对数视力表》成为国家标准，按照规定，缪天荣丧失了该视力表的版权，也就是说，《标准对数视力表》项目几乎没有为他创造什么经济价值，而他却耗尽了自己半生的心血，这就是一个科学工作者的高风亮节。

【课程思政教学设计与实施】

本案例主要用在眼视光技术专业的“眼科学基础”课程中，在介绍“视力检查”的知识点时，融入对数视力表和五分记录法发明人缪天荣教授的生平简介及人生贡献。

课前：通过学习通平台下发自主学习任务，请同学们以小组为单位，搜集对数视力表和五分记录法发明人缪天荣教授的简介及事迹，比较世界上常用的视力表与对数视力表和五分视力表的优缺点，并且制作成 PPT，上传至学习通平台。

课中：在介绍眼科检查中“视力检查”的知识点时，随机请 1 ~ 2 组代表上台分享他们组对世界上常用的视力表与对数视力表和五分视力表的优缺点比较，每组代表分享后给 1 ~ 2 分钟时间，请讲台下的其他同学发表他们在听小组代表分享时自己的看法，最后教师进行总结，倡导学生学习缪天荣教授热爱祖国、热爱视光事业、精益求精、无私奉献、不辞辛苦的崇高精神。

（刘　萍）

案例 4

综合防控儿童青少年近视

【课程思政素材】

为贯彻习近平总书记重要指示精神，教育部联合八部委颁布的《综合防控儿童青少年近视实施方案》指出，儿童青少年是祖国的未来和民族的希望。近年来，由于中小学生课内外负担加重，手机、电脑等带电子屏幕产品的普及，用眼过度、用眼不卫生、缺乏体育锻炼和户外活动等因素，我国儿童青少年近视率居高不下、不断攀升，近视低龄化、重度化日益严重，已成为一个关系国家和民族未来的大问题。防控儿童青少年近视需要政府、学校、医疗卫生机构、家庭、学生等各方面共同努力，需要全社会行动起来，共同呵护好孩子的眼睛。

【课程思政教学设计与实施】

本案例主要用在眼视光技术专业的“验光技术”课程中，在介绍“验光技术”的知识点时，融入习近平总书记做出的重要指示精神，呵护好孩子的眼睛，让他们拥有一个光明的未来。

课前：通过学习通平台下发自主学习任务，请同学们以小组为单位，搜集现代以来中国近视状况的相关资料，并分析中国近视状况的原因、特点以及将带来的后果，制作成PPT，上传至学习通平台。

课中：在介绍“验光技术”的知识点时，随机请 1 ~ 2 组代表上台分享他们组在课前搜集的中国近视现状、原因、特点等相关资料，每组代表分享后给 1 ~ 2 分钟时间，请讲台下的其他同学发表他们在听小组代表分享时自己的感悟。最后教师进行总结，倡导眼视光技术专业的学生，应当肩负起自己的责任，爱岗敬业、乐于奉献、服务群众，为祖国的未来奋斗。

（林秋阳）

案例 5

光学眼镜专家齐备

【课程思政素材】

齐备，男，1948 年 10 月生，中国最早开始视光学研究和教育的资深人士。20 世纪 90

年代初期在医院担任眼科医生时，他便和国内外眼视光专家以及材料物理学专家合作，研制了中国自主制造的第一副隐形眼镜（龙牌隐形眼镜）。

辞去公职后，齐备受聘于中外合资的博士伦隐形眼镜有限公司，并且获得机会前往澳大利亚墨尔本的新南威尔士大学进行视光学的进一步研修。回国后，他编译了中国第一部隐形眼镜教材，该书从诞生至今一直是业内研究的主要参考依据。

1995 年，齐备加入诺华制药旗下的视康隐形眼镜公司，担任专业事务主管，开始了中国眼科视光教育计划。中国眼科视光教育计划在专业上涵盖当时几乎所有视光学科目，在区域上遍布中国各个角落。在此期间，齐备任职于北京大学、上海第二医科大学、上海第二工业大学、东华大学，作为名誉教授和客座教授，受到学生的好评。

2002 年开始，齐备致力于低视力保健的研究，成功研制了一整套低视力人群使用的眼镜，使得几乎失明的患者重新回到学习和工作岗位中。

【课程思政教学设计与实施】

本案例主要用在眼视光技术专业的“接触镜验配技术”课程中，在介绍“接触镜”的知识点时，融入中国第一部隐形眼镜教材编译者齐备的生平简介及人生贡献。

课前：通过学习通平台下发自主学习任务，请同学们以小组为单位，搜集齐备的生平简介及人生贡献，制作成 PPT，上传至学习通平台。

课中：随机请 1 ~ 2 组代表上台分享他们组在课前搜集的齐备的生平简介及人生贡献，每组代表分享后给 1 ~ 2 分钟时间，请讲台下的其他同学发表他们在听小组代表分享齐备在接触镜领域所做贡献时的感悟。最后教师进行总结，倡导学生学习齐备不断研究、深入探索、不畏艰辛、刻苦钻研的优良品德。

（刘　萍）

案例 6

海伦·凯勒《假如给我三天光明》

【课程思政素材】

海伦·凯勒（1880—1968 年），美国现代女作家、教育家、社会活动家。1882 年 2 月，她因突发的疾病猩红热丧失了视觉和听觉。1933 年，她发表散文《假如给我三天光明》。

“第一天，我要看到那些好心的、温和的、友好的、使我的生活变得有价值的人们。首先，我想长时间地凝视着我亲爱的教师安妮·莎莉文·梅西太太的面庞，当我还是个孩子的时候，她就来到了我面前，是她给我打开了外部世界。我不仅要看她的脸部的轮廓，为了将她牢牢地放进我的记忆，还要仔细研究那张脸，并从中找出同情的温柔和耐心的生动的形迹，她就是靠温柔与耐心来完成教育我的困难任务。我要从她的眼睛里看出那使她能坚定地面对困难的坚强毅力和她那经常向我显示出的对于人类的同情心。”

“翌日，也就是我能看见东西的第二天，我将伴着曙色起床，去看下天空从黑夜变成白天的激动人心的奇观。我将怀着敬畏的心情去观赏那光色的变幻莫测，正是在这变幻中太阳唤醒了沉睡的大地。我要把这一天用来对整个世界，从古到今，作匆匆的一瞥。我想看看人类所走过的艰难曲折的道路，看看历代的兴衰和沧桑之变，这么多的东西怎能压缩在一天之内看完呢?”

“下一天的早晨，怀着发现新的欢乐的渴望，我将再次去迎接那初升的旭日，因为我深信，那些有眼睛能真正看到东西的人肯定会发现，每个黎明都会展现出千姿万态、变幻无穷的美。根据我想象中的奇迹的期限，这是我能看见东西的第三天，也是最后一天。我没有时间去悔恨或渴望，要看的东西实在太多了。我把第一天给了我的朋友，给了那些有生命和没有生命的东西，第二天我看到人类和自然的历史面目。今天我要在现实世界里，在从事日常生活的人们中间度过平凡的一天。除了纽约你还能在别的什么地方发现人们这么多的活动和这样纷繁的情景呢？于是这城市成了我选择的目标。”

【课程思政教学设计与实施】

本案例主要用在眼视光技术专业的“低视力助视技术”课程中，在介绍“低视力与视力残疾”的知识点时，融入海伦·凯勒的著名作品《假如给我三天光明》。

课前：通过学习通平台下发自主学习任务，请同学们以小组为单位，搜集海伦·凯勒人生经历的资料，并阅读《假如给我三天光明》。将收集的资料和自己的阅读感悟制作成PPT，上传至学习通平台。

课中：在介绍“低视力与视力残疾”知识点时，随机请1～2组代表上台分享他们组在课前搜集的海伦·凯勒人生经历的相关资料。每组代表分享后给1～2分钟时间，请讲台下的其他同学发表他们阅读《假如给我三天光明》后自己的感悟。最后教师进行总结，倡导低视力康复人员应当肩负起自己的责任，爱岗敬业、乐于奉献、服务群众，为视残人员奉献自己的一份力量，激励学生要珍惜美好光明。

（林秋阳）

案例 7

眼科飞行医院奥比斯

【课程思政素材】

“奥比斯”在拉丁文中含有“地球、眼”的意思（另一说法是“眼睛地球仪”）。奥比斯眼科飞行医院是世界上第一所飞机眼科医院。该院于 1982 年 3 月在美国休斯敦正式建立，它是由一架飞机改装而成的，内部设有预检室、检查室、微型手术室、护理室等，既可施行手术又可从事示范教学，并可通过双向通信设备，直接与示范医生进行问答。自 1982 年建立以来，来自 29 个国家的 600 多位世界一流的眼科专家，先后访问了四大洲 70 多个国家和地区，为 2 万名眼疾患者在专机上进行了手术治疗，使他们重见光明，并有 3 万多名各国眼科医生、护士参与了它的训练计划，使之成为推行防盲、治盲的骨干。作为一个不以营利为目的的非政治性独立组织，它逐渐得到了许多国家和地区眼科同行的支持。至 1991 年，除美国外，已有 29 个国家和地区的眼科专家参与这一活动，志愿为各国眼疾患者服务。

【课程思政教学设计与实施】

本案例主要用在眼视光技术专业的“低视力助视技术”课程中，在介绍“国内外低视力患者的现状”的知识点时，融入眼科飞行医院奥比斯的案例。

课前：通过学习通平台下发自主学习任务，请同学们以小组为单位，搜集奥比斯眼科飞行医院的相关资料，将感触最深的内容制作成 PPT，上传至学习通平台。

课中：在介绍“国内外低视力患者的现状”的知识点时，随机请 1 ~ 2 组代表上台分享他们搜集的相关资料，每组代表分享后给 1 ~ 2 分钟时间，请讲台下的其他同学发表他们在听小组代表分享时的感想。最后教师进行总结，倡导身为眼视光技术专业的学生，应当肩负起自己的责任，爱岗敬业、乐于奉献、服务群众，为视残人员奉献自己的一份力量。

（林秋阳）

案例 8

眼镜的历史与发展

【课程思政素材】

中国历史博物馆所藏的明代大画家仇英绘制的《南都繁会景物图卷》中，可以清楚地看到明朝已有眼镜，图卷中在挂有“兑换金珠”招牌的金店门口，有一位老者鼻梁上架着眼镜，只不过没有看到挂于耳后的双腿和系于脑后的线带。带领学生了解眼镜的发展史，让学生知道眼镜并非现代产物，中国古已有之，激发学生的爱国情怀和民族自豪感。

【课程思政教学设计与实施】

本案例主要用在眼视光技术专业的“眼镜材料与工艺”课程中，在介绍“眼镜知识”时，融入眼镜的发展历史，介绍眼镜在古代的应用。

课前：通过学习通平台下发自主学习任务，让学生查阅资料了解中国眼镜的发展历史。

课中：带领学生一起观看《南都繁会景物图卷》，了解眼镜发展史。

（刘　芳）

案例 9

保护玳瑁

【课程思政素材】

玳瑁，海龟的一种，一般长约 0.6 m，大者可达 1 m 以上，产于黄海、南海、东海及热带、亚热带沿海。

玳瑁是唯一能消化玻璃的海龟，玳瑁的主要食物是海绵，海绵富含二氧化硅。各国历史上都曾用玳瑁做眼镜。我国历史上也曾用玳瑁做眼镜。因为玳瑁不仅能满足美学上的需求，而且它的硬度能保证眼镜常年不会变形。

在我国，玳瑁为国家二级保护动物，已成濒危物种。带领学生一起认识国家级保护动物玳瑁，激发学生爱护濒危动物、保护环境的社会公德心。

【课程思政教学设计与实施】

本案例主要用在眼视光技术专业的“眼镜材料与工艺”课程中，在介绍眼镜架材料时，介绍眼镜架的天然材料，其中玳瑁是典型代表。

课前：通过学习通平台下发自主学习任务，让学生预习镜架知识，了解镜架的发展史、制作材料。

课中：带领大家一起了解国家二级保护动物玳瑁，以及用玳瑁的甲壳所制作的镜架的特征。让学生了解，我国濒危动物的保护依旧任重道远，培养学生保护动物、爱护环境的优良品德。

（刘　芳）

案例 10

接触镜研究的鼻祖列奥纳多·达·芬奇

【课程思政素材】

列奥纳多·达·芬奇，意大利文艺复兴时期画家、科学家、发明家。现代学者称他为

“文艺复兴时期最完美的代表”，是人类历史上绝无仅有的全才，其最大的成就是绘画，他的杰作《蒙娜丽莎》和《最后的晚餐》等作品，体现了他精湛的艺术造诣。

达·芬奇保存下来的手稿大约有6000页。达·芬奇认为，自然中最美的研究对象是人体，人体是大自然的奇妙作品，画家应以人为绘画的核心。达·芬奇共解剖30具以上人体，在生理解剖学上也取得了巨大的成就，被认为是近代生理解剖学的始祖。他掌握了人体解剖知识，从解剖学入手，研究了人体各部分的构造。他最先采用蜡来表现人脑的内部结构，也是设想用玻璃和陶瓷制作心脏和眼睛的第一人。他的手稿阐述了隐形眼镜的光学原理，被认为是隐形眼镜原理的奠基人。英国华威大学临床解剖学教授彼得·亚伯拉罕斯认为，达·芬奇的人体解剖素描，其水准至少领先于他所处时代300年。达·芬奇500年前利用切片技术和截取横截面来体现人体复杂结构的方法，与今天医学上的CT和MRI技术非常接近。

他发现了血液的功能，并认为血液是不断循环的。他说，血液不断地改造全身，把养料带到身体需要的各个部分，再把体内的废物带走。达·芬奇研究过心脏，他发现心脏有四个腔，并画出了心脏瓣膜。他认为老年人的死因之一是动脉硬化，而产生动脉硬化的原因之一是缺乏运动。英国科学家哈维证实和发展了达·芬奇这些生理解剖学的成果。

【课程思政教学设计与实施】

本案例主要用在眼视光技术专业的“接触镜验配技术”课程中，在介绍“接触镜发展史”的知识点时，融入接触镜原理的第一发现者列奥纳多·达·芬奇的生平和杰出贡献，以及他提出将科学与实践、理性与经验辩证地统一起来的态度。

课前：通过学习通平台下发自主学习任务，请同学们以小组为单位，搜集接触镜的第一发现者列奥纳多·达·芬奇的生平和杰出贡献，将感触最深的内容制作成PPT，上传至学习通平台。

课中：在介绍“接触镜发展史”时，随机请1~2组代表上台分享他们组在课前搜集的列奥纳多·达·芬奇的生平和杰出贡献，以及他们的感悟，最后教师进行总结，倡导学生学习列奥纳多·达·芬奇细致、严谨的科学态度，学习他将科学与实践、理性与经验辩证地统一起来的科学态度。

（刘　萍）

案例11

角膜接触镜领域专家谢培英

【课程思政素材】

谢培英，女，医学博士，长期从事角膜病、角膜接触镜的临床与科研，率先将硬性角膜接触镜与角膜塑形镜技术引进我国，是我国角膜接触镜领域的学术带头人。

她亲自为6000多名患者成功验配了硬性角膜接触镜与角膜塑形镜，撰写了《临床接触镜学》《中英日角膜接触镜词典》等专著10余部，在国际和国内学会及学术杂志上发表眼视光专业论文200余篇，多次参与国家食品药品监督管理局对角膜接触镜及其护理用品以及其他医疗器械的审评工作、标准制定工作。

2012年3月30日，国际角膜塑形学会亚洲分会（IAOA）正式成立。IAOA引领并规范亚洲角膜塑形医学事业的发展，对其会员有着严格的要求。医生必须具备一定的资历，并通过一系列考试，方可成为会员。谢培英教授因在中国角膜塑形专业领域具有极高造诣，受邀担任IAOA执行主席。时隔6年，谢培英教授荣获IAOA授予的“终生成就奖”，这一荣誉标志着中国角膜塑形镜的发展已登上世界舞台，并占据重要地位。对中国隐形眼镜第一人谢培英教授而言，是对其20余年不断研究、深入探索的肯定，更是对其在所坚守的专业领域中辛勤付出的认可。这一荣誉证明，中国在角膜塑形镜领域的发展已经赢得世界的瞩目。

【课程思政教学设计与实施】

本案例主要用在眼视光技术专业的“接触镜验配技术”课程中，在介绍“角膜塑形镜验配”的知识点时，融入谢培英教授的生平简介及人生贡献。

课前：通过学习通平台下发自主学习任务，请同学们以小组为单位，搜集谢培英教授的生平简介及人生贡献，将谢培英教授在角膜塑形镜领域所做出的贡献制作成PPT，上传至学习通平台。

课中：在介绍“角膜塑形镜验配”的知识点时，随机请1～2组代表上台分享他们组在课前搜集的谢培英教授在角膜塑形镜领域所做出的贡献，每组代表分享后给1～2分钟时间，请讲台下的其他同学发表他们在听小组代表分享时自己的感悟，最后教师进行总结，倡导学生学习谢培英教授不断研究、深入探索、不畏艰辛的优良品德。

（刘　萍）

第五章 医学美容技术篇

案例 1

“河狸家”的创新成长史

【课程思政素材】

河狸家为一家线上线下全美业服务品牌。2014 年 3 月 11 日，河狸家 App 正式上线，首先推出的是美甲上门服务，当前业务范围已覆盖美甲、美睫、美容、医疗美容等 12 大主营业务。河狸家的创办人希望改变传统的美业经营模式（固定的店面），给美容师一个自由发挥的空间，提供预约上门服务。

河狸家的诞生解放了天下手艺人，帮助他们打造自己的手艺品牌，为消费者带来性价比更高、更便捷的全美业上门服务，让所有具备专业技能的人，都可以服务其他人，通过移动互联网，让多种多样的用户需求和专业技能在平台上实现无缝对接。同时，让“服务”这件事不再被禁锢在“店”里，而是随时随地“动”起来，改变过去人找服务的模式，让服务去找人。除了上门之外，让手艺和服务主动渗透到中产阶级爱美女性的日常生活场景中，从而提升人们的日常生活体验。

河狸家的大部分手艺人来自贫困地区与农村。河狸家自成立以来就免费帮助手艺人接受美甲、美容等 12 大类的技能培训，每年创造女性就业岗位上万个，总计已帮助超过 7 万手艺人获得灵活的工作和就业机会，并成功走上就业创业之路。从 2015 年开始，河狸家每年都会定期举办大规模主题活动，帮助手艺人搭建起能够让他们闪光的舞台，展现手艺人的骄傲和自信，促进东方美学的不断发展，提升手艺人的匠心精神。

【课程思政教学设计与实施】

本案例主要用在医学美容技术专业的“美容护肤技术”课程中，在介绍美容护肤基础理论中的“美容业的定义”时，融入“互联网＋美妆”企业河狸家发展壮大历程的介绍。

课前：通过学习通平台下发自主学习任务，通知同学们预习本节课内容，了解美容的分类、定义。请同学们以小组为单位，搜集河狸家的发展及业务相关资料，将感触最深的内容制作成 PPT，上传至学习通平台。

课中：在介绍“美容业的定义”的知识点时，随机请 1 ~ 2 组代表上台分享他们组对河狸家企业发展的感悟，每组代表分享 1 ~ 2 分钟时间，请讲台下的其他同学发表他们在听小组代表分享时自己的感悟。最后教师进行总结，让学生明白，时代在发展，社会在进步，行业不分高低贵贱。河狸家通过把传统技术和现代技术结合，使传统的美容行业被赋予时代的特点，被更多人了解和看好，同时给美业从业人员带来了机会，解决了不少人的就业难题，让学生领悟到河狸家创始人勇于创新的精神。

（宋莉莉）

案例 2

中国好医生王晓军

【课程思政素材】

王晓军，男，1963 年生，北京市第六医院外科主任、整形美容外科主任，2016 年 9 月当选敬业奉献“中国好人”。

王晓军总是以身作则，吃苦在前。夜间遇有重大抢救，他总是接到电话后，立即驾车赶往医院，为救治病人争分夺秒。多年来，在王晓军的带领下，每一位医生、护士对待患者都像对待亲人一样，抢救病人不分昼夜。良好的医德医风，营造了和谐的医患关系，北京市第六医院外科每年收到的感谢锦旗、镜匾和大量的表扬信，就是最好的见证。

王晓军笃志践行在医学外科第一线，从事外科临床工作近 30 年。他一直忘我工作，对经济困难的患者，他常想，怎样才能既省钱又把病检查清楚，想尽办法开“小处方”，为病人节省诊疗费用；对危重患者，他废寝忘食，昼夜奋战，全身心投入抢救；对因患病时间较长、心理负担较重的患者，他在药物治疗的同时，主动与病人交朋友，耐心进行心理疏导；在给病人看病时，他密切关注患者心理变化，坚信一个亲切的笑脸、一个鼓励的眼神、一句温暖的问候语、一个拉扶的细心动作本身就是一味对症良药。

对每一位患者，他都坚持亲自查房，对每个治疗细节都严格要求、一丝不苟。“病人的事无小事”，这是他经常挂在嘴上的一句话。他经常教育年轻医生：查房要多用时间，一切为病人着想。外科病人发生并发症的概率高，他要求全科的每个医生、护士都熟练掌握足部的溃烂创面的修复治疗等专业技术，确保每个并发皮肤病患者得到及时、高效治疗，大大提高了抢救成功率。

【课程思政教学设计与实施】

本案例主要用在医学美容技术专业的“美容护肤技术”课程中，在介绍“美容师的职业道德”知识点时，融入中国好医生王晓军的生平和事迹。

课前：通过学习通平台下发自主学习任务，通知同学们预习本节课内容，了解美容师职业道德的内容。请同学们以小组为单位，搜集好医生王晓军的故事，并且写出对王晓军的故事的感悟，上传至学习通平台。

课中：在介绍“美容师的职业道德”知识点时，随机请1～2组代表上台分享他们组在课前搜集的王晓军的故事及他们对故事的感悟，每组代表分享后给1～2分钟时间，请讲台下的其他同学发表他们在听小组代表分享王晓军事迹时自己的感悟，最后教师进行总结，倡导学生具备良好的职业道德，对待工作要有高度的责任感和使命感，学习王晓军爱岗敬业、以人为本的崇高精神。

（宋莉莉）

案例3

外科无菌术发展史

【课程思政素材】

19世纪中期前，人们在手术时完全没有无菌意识。没有手术衣、没有口罩、没有消毒，拥挤的手术室坐满了围观的人们。曾有一位外科医生创造了历史上著名的也是唯一一台死亡率300%的手术。在手术中，医生以惊人的速度给病人做截肢手术，不慎砍断了助手的手指，病人和助手因伤口感染去世。一位观众被吓到心脏病犯了，当场死亡。在伤口的处理上，当时采用了一种不可思议的方法：用烧红的烙铁封堵伤口以防止致命的感染，却把人体的组织全部烧死。

阻止这一幕继续上演的是匈牙利的产科医生塞麦尔维斯（世界上第一位提出洗手预防产褥感染的医生）。有一天，他的一个朋友在解剖尸体时划伤了手指，表现出类似于产褥感染的症状，没过多久就去世了。这让塞麦尔维斯突然意识到，产褥感染的高死亡率可能与医生在解剖完尸体后，不进行手部清洁便奔赴产房接生有关。后来，塞麦尔维斯开始采用漂白粉清洗手术器械，这让产褥感染死亡率进一步降低到了1%。

1673年，列文虎克用自己制作的显微镜观察到了口腔中的细菌。巴斯德研究前人的文献报道和经验，推测出微生物和疾病的发生有密切的联系，认为控制病菌就能预防和治疗疾病。

无菌术真正的提出要归功于英国外科医生李斯特。李斯特对引起伤口化脓和感染的问题做了分析，他观察到闭合性骨折，不管伤势多重，一般都不会化脓；相反，开放性骨折，即使仅有微小的皮肤破损也会化脓。他根据这个事实，结合巴斯德的研究做出推论：

空气中的微生物是引起伤口化脓和感染的原因。为了证明自己的推论，李斯特在多次尝试失败后，选择了有效的灭菌剂石炭酸，建立了一套新的灭菌法。不仅在每项手术前需要认真洗手，而且还要确保使用的器皿和敷料都经过彻底的消毒处理。在使用这一消毒方法最初 3 年的时间里，手术患者的死亡率明显降低。

1867 年，李斯特在《柳叶刀》上正式公布了自己创造的外科消毒法。此后，李斯特外科消毒法在实践中不断完善。

1886 年，德国伯格曼首先采用热蒸汽消毒手术器械和敷料。

1890 年，美国哈斯特发明了橡皮外科手套。75% 的酒精、新洁尔灭等灭菌剂取代了有腐蚀性的石炭酸，现代消毒法逐渐形成。

【课程思政教学设计与实施】

本案例主要用在医学美容技术专业的“美容护肤技术”课程中，在介绍“美容院卫生与消毒”的知识点时，融入外科无菌术发展史的介绍。

课前：通过学习通平台下发自主学习任务，通知同学们预习本节课内容，了解常用消毒方法，请同学们以小组为单位收集外科无菌术发展历程，制作成 PPT，上传至学习通平台。

课中：在介绍“美容院卫生与消毒”的知识点时，随机请 1 ~ 2 组代表上台分享他们组在课前搜集的外科无菌术发展历程，每组代表分享后给 1 ~ 2 分钟时间，请讲台下的其他同学发表他们在听外科无菌术发展历程时自己的感悟。最后教师进行总结，倡导学生要崇尚科学，有严谨细致的态度，保持无菌观念，增加职业认同感，对工作有高度的责任感和使命感。

（宋莉莉）

案例 4

盲人中医朱丽华

【课程思政素材】

朱丽华，1957 年 10 月生，盲人中医师，中共党员，浙江省嘉兴市南湖区丽华中医诊所负责人。

1985 年，一级视力残疾的朱丽华在嘉兴市民政局的帮助下，参加了浙江省首届中医推拿培训班，从小就想和爷爷一样当中医的朱丽华如愿以偿。学成后，她被分配到嘉兴市福利院医务室工作。1998 年，她通过考试，发表论文，从中医士晋升为中医师，成为嘉兴第一个盲人中医师。2008 年，趁着体制改革的东风，朱丽华创办了丽华中医诊所。

“在我无助的时候，是党和政府以及社会各界给了我关爱和温暖，我要将这份爱传递下去。”朱丽华在采访时表示。丽华诊所的技术人员都是盲人，只要有盲人想学技术，符合条件的朱丽华都免费教、免费安排吃住。这些年，她已经带出100多名徒弟，绝大多数人从原来家庭的“包袱”成了家庭的支柱。

1991年，朱丽华从广播里第一次听到“希望工程”，月工资58元的她拿出140元资助了云南的两名贫困学生，此后又通过市慈善总会、红十字会等与贫困学生结对，数量越来越多。“学生是充满希望的。我不求回报，只希望他们以后成为对社会有用的人，也能传递爱心。”30年来，朱丽华共资助贫困学生587人次，累计捐款454万余元。

她的捐款几乎全部来自诊所的收入。朱丽华没有成家，没有购置房产，至今还是集体户口，与人一起住在诊所的一个小房间，里面只有一张床、一个床头柜、一台收音机。“我每个月吃饭花五六百元，电话费比较多，要100多，衣服鞋子都不太买，布鞋36元两双，能穿好几年。”朱丽华说，生活上要知足常乐，工作上要进取常乐，社会上要奉献常乐，自己少用一块钱，就能多捐一块钱。

2019年10月，嘉兴市委发出《关于开展向朱丽华同志学习的决定》，号召全市党员认真学习朱丽华坚守初心，一心向党的政治品格；身残志坚，自强不息的顽强品质；心有大爱，乐于奉献的高尚情怀；勇于担当，奋发有为的崇高追求。

【课程思政教学设计与实施】

本案例主要用在医学美容技术专业的“美容医疗应用技术”课程中，在介绍“医疗美容技术任务”知识点时，融入盲人中医朱丽华的事迹。

课前：通过学习通平台下发自主学习任务，请同学们以小组为单位，搜集盲人中医朱丽华的事迹，将感触最深的内容制作成PPT，上传至学习通平台。

课中：在介绍“医疗美容技术任务”的知识点时，随机请1～2组代表上台分享他们组在课前搜集的盲人中医朱丽华的事迹及感悟，每组代表分享后给1～2分钟时间，请讲台下的其他同学发表他们在听小组代表分享盲人中医朱丽华事迹时自己的感悟。最后教师进行总结，倡导学生学习朱丽华自强不息的顽强品质，心有大爱、乐于奉献的高尚情怀。

（赵玉婷）

案例5

美妆大师毛戈平

【课程思政素材】

毛戈平出生于温州，著名化妆师，自1984年从事化妆工作以来，先后为40多部电影、电视和20多部舞台剧进行化妆造型设计。

2001年，他创立了以自己名字命名的“MGPIN”化妆品牌。从事化妆艺术20多年来，毛戈平的化妆艺术影响了改革开放后一代人的生活和化妆观念。他的代表作品《杨乃武与小白菜》《上海一家人》《武则天》《火烧阿房宫》等，几乎家喻户晓。

作为当代中国化妆师的标志性人物，从毛戈平的身上，人们看到了中国化妆业所蕴藏的发展潜力。从事化妆艺术20年来，毛戈平走过了前人没有走过的路，并以他的执着、激情和持续不断的创造力，抒写了一个又一个的传奇。

毛戈平第一个推出了全国发行的化妆艺术教学VCD，第一个创办了自己的形象艺术设计学校，第一个推出了以个人名字命名的MGPIN化妆品品牌。作为一个横跨影视、时尚以及化妆品行业的标志性人物，毛戈平走过了一条全新的发展道路。毛戈平，可以说他是化妆艺术的一代大师，可以说他是向大众传播化妆艺术的教育家，也可以说他是引领民族化妆品行业风骚的成功实业家。

也许在很多人的心目中，毛戈平能走到今天，只是因为他有太多、太好的机遇。但生活告诉人们，机遇从来只眷顾那些随时做好了准备的人。这看似偶然的无数个机遇背后，所隐藏的恰是毛戈平对生活和艺术的那份执着。通过一系列影响深远的作品，毛戈平不但让人们深刻地领悟了化妆艺术的魅力，更把化妆艺术和化妆师这一职业从幕后推向前台，成了媒体和时尚聚焦的中心，成了全社会街谈巷议的热门话题。

【课程思政教学设计与实施】

本案例主要用在医学美容技术专业的“美容医疗应用技术”课程中，在介绍“美容化妆品”的知识点时，融入美妆大师毛戈平的生平简介及事迹。

课前：通过学习通平台下发自主学习任务，请同学们以小组为单位，搜集美妆大师毛戈平的生平简介及事迹，并且将感触最深的内容制作成PPT，上传至学习通平台。

课中：在介绍“美容化妆品”的知识点时，随机请1~2组代表上台分享他们组在课前搜集的美妆大师毛戈平的事迹及他们对事迹的感悟，每组代表分享后给1~2分钟时间，请讲台下的其他同学发表他们在听小组代表分享毛戈平事迹时自己的感悟。最后教师进行总结，倡导学生学习毛戈平突破陈规、大胆探索、勇于创造的精神。

（赵玉婷）

案例6

护肤品牌“百雀羚”

【课程思政素材】

百雀羚创立于1931年，是我国著名护肤品牌。在国际大牌和国内新兴品牌围剿的战局里，百雀羚真真切切地变成了民族化妆品品牌，着实为国货护肤品争了一口气。

百雀羚的创始人为顾植民，生于1903年、上海原嘉定县人。1931年，在家人的支持下，顾植民成立了富贝康化妆品有限公司，专门经营化妆品，从刚开始的花露水、胭脂逐渐扩展到香水、香粉等。1940年，顾植民推出国内首创香脂类产品“百雀羚冷霜”。百雀羚刚创立之时，创始人顾植民就熟谙市场营销之道。当时，其他品牌挂画报打广告，百雀羚却将广告挂在街头，甚至是电车上。1949年前，百雀羚的产品就已经北到哈尔滨，南到香港，西到青海，甚至远销东南亚。1956年，顾植民的公司在三大改造公私合营后改名为“公私合营富贝康日用化学工业公司”。同年，创始人顾植民逝世，其子顾炯接管家族生意。之后，“百雀羚”连年亏损，濒临破产，无奈之下，便以50万元变卖给了香港商人。所幸，2008年“百雀羚”的商标权重回内地，在上海百雀羚日用化学有限公司的管理之下续写辉煌。

作为传统国货成功复兴的代表，“百雀羚”在传承东方美的层面已经成为一个模范。顾植民的孙子顾真扬在分享“百雀羚”的家族故事时曾说：“老品牌是一张温情牌，却不是一张免死牌，唯有创新才是老品牌的不老仙丹。在瞬息万变的市场经济大潮中，老品牌的价值需要重新挖掘才能实现。”如他所愿，百雀羚如今的确成了市场经济大潮中的创新者，在百姓生活中延续着品牌的生命与活力。

【课程思政教学设计与实施】

本案例主要用在医学美容技术专业的“美容医疗应用技术”课程中，在介绍“医疗美容技术”的知识点时，融入护肤品牌“百雀羚”。

课前：通过学习通平台下发自主学习任务，请同学们以小组为单位，搜集“百雀羚”的发展历史，将感触最深的内容制作成PPT，上传至学习通平台。

课中：在介绍“医疗美容技术”的知识点时，随机请1～2组代表上台分享他们组在课前搜集的“百雀羚”发展历史及感悟。每组代表分享后给1～2分钟时间，请讲台下的其他同学发表他们在听小组代表分享“百雀羚”发展历史时自己的感悟。最后教师进行总结，倡导学生努力拼搏、积极创新。

（赵玉婷）

案例7

“麻风病天使”刘大飞

【课程思政素材】

刘大飞，中共党员，1971年7月出生，湖南省益阳市安化县人，现任皮肤病防治所护士长，曾获得“湖南省首届圣辉麻风病防治奖”“湖南省护理学会优秀护士奖”和全国卫生计生系统“白求恩奖章”等。

刘大飞被患者和当地群众誉为“麻风患者的贴心小棉袄”“守护心灵的圆梦人”。1983 年，还是一个“谈麻色变”的年代，遇到麻风病人，人人躲避。12 岁的刘大飞时常跟在父亲后面到海拔 1170 多米的天罩坪山顶给病人治疗，人手不够时，还会帮忙递药打下手。1990 年，刘大飞从益阳卫校毕业后，选择回到家乡当了一名护士，继承父业，成为益阳大福皮肤病防治所的一名护士，跟麻风患者生活在一起，既为病友抵抗病魔，又为他们守护心灵，帮助他们重拾信心，过上正常人的生活。

患者老方，从建村开始就住进了麻风村。2005 年，因麻风溃疡诱发皮肤癌变，老方双脚溃烂严重，恶臭难闻，医院都拒绝为他做手术，但刘大飞并没有放弃，而是帮他护理伤口，清洗衣服，熬粥煲汤，调养身体，并联系了国家麻风康复医疗手术队的专家为他做了截肢手术，安装了假肢。如今 10 多年过去了，老方依然健康地活着，他说：“我一辈子没结婚，大飞比亲生女儿还好啊!”

刘大飞经常带着同事们挨家挨户进行麻风的科普宣传，告诉大家治愈后的病人不再具有传染性。为了让大家相信，她还牵着麻风病人的手在马路上散步，与他们同桌吃饭。她的坚守仍在不断继续。

【课程思政教学设计与实施】

本案例主要用在医学美容技术专业的“美容皮肤治疗技术”课程中，在介绍“传染性皮肤病的概述”知识点时，融入“麻风病天使”刘大飞的生平简介及人生贡献。

课前：通过学习通平台下发自主学习任务，通知同学们预习本节课内容，了解传染性皮肤病的发生原因、传播途径。请同学们以小组为单位，搜集“麻风病天使”刘大飞的简介及事迹，并且将感触最深的内容制作成 PPT，上传至学习通平台。

课中：在介绍“传染性皮肤病的概述”知识点时，随机请 1 ~ 2 组代表上台分享他们组在课前搜集的刘大飞事迹及他们对事迹的感悟，每组代表分享后给 1 ~ 2 分钟时间，请讲台下的其他同学发表他们在听小组代表分享刘大飞事迹时自己的感悟。最后教师进行总结，倡导学生学习刘大飞爱岗敬业、无私奉献、不辞辛苦的崇高精神。

（宋莉莉）

案例 8

皮肤科专家何黎

【课程思政素材】

何黎，1962 年 8 月出生，全国著名皮肤科专家。何黎是中国皮肤医学美容界的一个标志性名词。何黎 2006 年毕业于云南大学，获博士学位。她曾多次赴美、英、法、日、韩等国际最前沿的皮肤医学研究地区进行学术交流。她擅长疑难皮肤病的诊治，特别是难治性痤疮、黄褐斑、敏感性皮肤等损容性皮肤病的治疗。同时，她还破解了光损伤性皮肤病治疗这道世界难题。

何黎在当代皮肤医学美容界已蜚声海外，对于自己的故乡、皮肤病高发地区云南的皮肤医学美容事业的发展，她始终倾注了极大的热情和精力。在20世纪90年代末的一次皮肤科医生学术研讨会上，何黎慷慨发言："国外的化妆品品牌打着药妆的概念大举进入中国，而我们自己手里积累了数百万的临床案例，为什么就不能生产出一个真正适合自己国人皮肤、安全有效的专业品牌?"基于此，立足于云南特殊的功能草本地缘优势，她联合中科院昆明植物研究所、昆明医科大学第一附属医院、中国皮肤科三大协会等国家级专业机构，通过长达5年的临床观察和配方研发，研发出具有自主知识产权的功效性护肤品"薇诺娜"。

何黎还有一个特点，即出门诊时总是来者不拒。其每周有限的几次专家门诊从来都是挤满了慕名而来的罹患皮肤顽疾和皮肤重症的患者。先看病、后挂号已成了她的门诊不成文的规矩。她总是说："云南是一个皮肤病高发的地区，找我看病的病人已不仅仅是美容的问题，不夸张地说，尽快诊治、解决她们的皮肤问题其实就是在重燃她们对生活的希望。"

【课程思政教学设计与实施】

本案例主要用在医学美容技术专业的"美容皮肤治疗技术"课程中，在介绍"美容皮肤治疗技术概述"的知识点时，融入著名皮肤科医生何黎的介绍。

课前：通过学习通平台下发自主学习任务，通知同学们预习本节课内容，了解美容皮肤治疗技术的定义。请同学们以小组为单位，收集著名皮肤科医生何黎的事迹，并上传至学习通平台。

课中：在介绍"美容皮肤治疗技术概述"知识点时，随机请1～2组代表上台分享他们组在课前搜集的何黎医生的事迹。每组代表分享后给1～2分钟时间，请讲台下的其他同学发表他们在听何黎医生事迹时自己的感悟。最后教师进行总结，倡导学生学习何黎医生钻研进取、奉献社会、以人为本的崇高精神。

（宋莉莉）

案例9

天津好医生李红卫

【课程思政素材】

李红卫，中共党员，主任医师。他有着医者的巧手仁心，更有着医者的良知厚德。20年来，他一直工作在烧伤整形科临床一线，以不懈的技术钻研赢得了同行的认可，以无私的爱心换来了病人的信任。

19 岁的贵州女孩，小时候因一次意外导致面部烧伤毁容，落下了终身残疾，嘴唇畸形，饮食受阻，右下眼睑外翻，睡觉时眼睛不能闭合，视力下降。多年来，自卑和贫穷使她一直生活在阴影中。李红卫得知这种情况后，积极向院方和媒体申请支持。经过一系列手术，患者的功能及外貌得到了明显改善。

在临床工作中，也经常会遇到一些特殊病人，尤其是伴有精神疾病的患者，他们在治疗中往往不配合，甚至影响治疗。曾经有一位因癫痫发作导致全身多处深度烧伤的患者，每次进行创面清创换药时，由于疼痛和恐惧，患者拒不配合，甚至辱骂医务人员。在每次换药前，李红卫都要耐心和病人充分沟通，并鼓励患者克服病痛，了解到病人的焦虑还有经济原因时，为了解除病人的后顾之忧，为其减免了部分费用。

随着社会年龄结构的变化及安全管理水平的提高，烧伤病种也在发生变化，慢性创面病人逐渐增多，为此，李红卫洞悉国际发展动态，与以色列“希勒雅法医学中心”合作引进创面闭合新技术，造福广大患者。作为一名医生，他始终尽己所能地帮助和救治患者。

作为一名科室主任，他始终以带好、带正一个团队为职责，奉献自我，传递爱心，为广大医务工作者树立了榜样。

【课程思政教学设计与实施】

本案例主要用在医学美容技术专业的“美容皮肤治疗技术”课程中，在介绍“损容性皮肤病的病因、临床表现与诊断”时，融入天津好医生李红卫的事迹。

课前：通过学习通平台下发自主学习任务，通知同学们预习本节课内容，了解损容性皮肤病对患者心理的影响。请同学们以小组为单位，搜集天津好医生李红卫的简介及事迹，并且写出对事迹的感悟，上传至学习通平台。

课中：在介绍“损容性皮肤病的病因、临床表现与诊断”的知识点时，随机请 1 ~2 组代表上台分享他们组在课前搜集的李红卫的事迹及他们对事迹的感悟。每组代表分享后给 1 ~2 分钟时间，请讲台下的其他同学发表他们在听小组代表分享李红卫事迹时自己的感悟。最后教师进行总结，倡导学生学习李红卫立德敬业、以人为本、不断给予患者真诚的帮助与慰藉的崇高精神。

（宋莉莉）

案例 10

世界汽车销售奇才乔·吉拉德

【课程思政素材】

乔·吉拉德是吉尼斯世界纪录大全认可的世界上最成功的推销员，从 1963 年至 1978

年，他总共推销出13001辆雪佛兰汽车。乔·吉拉德连续12年荣登吉尼斯世界纪录大全世界销售第一的宝座，连续12年平均每天销售6辆车，至今无人能破。事实上，成功往往是经历辛酸才换来的，乔·吉拉德也不例外。

乔·吉拉德，1928年出生于美国底特律的一个贫民窟，父亲是西西里过来的移民，常年以打零工为生，他从懂事起就开始擦皮鞋、做报童、洗碗、送货。但是这么懂事，也没有换来爸爸的爱。小时候，乔·吉拉德的爸爸一不高兴就对他拳打脚踢，吓得他从8岁起就再也不能正常说话，患上了严重的口吃。

乔·吉拉德的爸爸不仅打他，而且总给他灌输一种消极的思想：你永远都不会有出息，你只能是个失败者，你一点也不优秀。父亲让他自卑，但是母亲却总是鼓励他。乔·吉拉德就在这样的两极思想下渐渐长大。35岁之前，他就像是中了父亲的魔咒一般，是个全盘的失败者，换过40个工作仍一事无成，甚至曾经当过小偷，开过赌场。35岁那年，乔·吉拉德破产了，负债高达6万美元。为了生存下去，他走进了一家汽车经销店，3年之后，乔·吉拉德以一年销售1425辆汽车的成绩，打破了汽车销售的吉尼斯世界纪录。他在15年的汽车推销生涯中总共卖出了13001辆汽车，平均每天销售6辆，而且全部是一对一销售给个人的。他也因此创造了吉尼斯汽车销售的世界纪录，同时获得了“世界上最伟大的推销员”的称号。谁能想象得到，像这样一个谁都不看好，而且是背了一身债务、几乎走投无路的人，竟然能够在短短3年内爬上世界第一的位置，并被称为“世界上最伟大的推销员”。他是怎样做到的呢？虚心学习、努力执着、注重服务与真诚分享是乔·吉拉德4个最重要的成功因素。

【课程思政教学设计与实施】

本案例主要用在医学美容技术专业的“美容医学咨询与沟通”课程中，在介绍“美容医学沟通、设计与咨询”的知识点时，融入世界汽车销售第一的奇才乔·吉拉德的简介及事迹。

课前：通过学习通平台下发自主学习任务，请同学们以小组为单位，搜集世界上最成功的推销员乔·吉拉德的简介及事迹，并且将感触最深的内容制作成PPT，上传至学习通平台。

课中：在介绍“美容医学沟通、设计与咨询”的知识点时，随机请1～2组代表上台分享他们组在课前搜集的推销员乔·吉拉德的事迹及他们对事迹的感悟。每组代表分享后给1～2分钟时间，请讲台下的其他同学发表他们在听小组代表分享乔·吉拉德事迹时自己的感悟。最后教师进行总结，倡导学生学习乔·吉拉德锲而不舍的拼搏精神。

（赵玉婷）

案例 11

美国现代成人教育之父戴尔·卡耐基

【课程思政素材】

戴尔·卡耐基是美国著名的企业家、教育家和演讲口才艺术家，被誉为“成人教育之父”。早在20世纪上半叶，当经济不景气、不平等、战争等恶魔正在磨灭人类追求美好生活的心灵时，卡耐基以他对人性的洞见，利用大量普通人不断努力取得成功的故事，通过演讲和著作唤起无数迷惘者的斗志，激励他们取得辉煌的成功。

他一生致力于人性问题的研究，运用心理学和社会学知识，对人类共同的心理特点进行探索和分析，开创了一套独特的融演讲、推销、为人处世、智能开发于一体的成人教育方式。千千万万的人从卡耐基的教育中获益。

卡耐基的主要代表作有《沟通的艺术》《美好的人生》《快乐的人生》等。这些书和卡耐基的成人教育实践相辅相成，将卡耐基的人生智慧传播到世界各地，影响了千千万万人的思想和心态，激发了他们对生命的无限热忱，勇敢地面对现实中的困难，追求充实美好的人生。

1912年，戴尔·卡耐基在纽约开办了他的第一期公共演讲课。从那时起，卡耐基教程这一项伟大的事业诞生了。这项事业不仅使卡耐基享誉全球，为他带来了丰厚的收益，而且指导甚至拯救了数以千万的听众和读者的人生。

【课程思政教学设计与实施】

本案例主要用在医学美容技术专业的“美容医学咨询与沟通”课程中，在介绍“人际沟通的重要性”的知识点时，融入美国现代成人教育之父、20世纪最伟大的成功学大师戴尔·卡耐基的生平简介及事迹。

课前：通过学习通平台下发自主学习任务，请同学们以小组为单位，搜集卡耐基的生平简介及事迹，并且将感触最深的内容制作成PPT，上传至学习通平台。

课中：在介绍“人际沟通的重要性”知识点时，随机请1～2组代表上台分享他们组在课前搜集的卡耐基的事迹及他们对事迹的感悟。每组代表分享后给1～2分钟时间，请讲台下的其他同学发表他们在听小组代表分享卡耐基事迹时自己的感悟。最后教师进行总结，倡导学生学习卡耐基不怕困难、不甘落后、奋勇争先、追求进步的改革创新精神。

（赵玉婷）

案例12

扁鹊治病

【课程思政素材】

扁鹊，战国时期医学家，善于运用望、闻、问、切四诊治病，尤其善于利用脉诊和望诊来诊断疾病，精于内、外、妇、儿、五官等科，应用砭刺、针灸、按摩、汤液、热熨等方法治疗疾病，被尊为医祖。

扁鹊巡诊去见蔡桓公。礼毕，他侍立于桓公身旁细心观察其面容，然后说道："我发现君王的皮肤有病，您应及时治疗，以防病情加重。"桓公不以为然地说："我一点病也没有，用不着什么治疗。"扁鹊走后，桓公不高兴地说："医生总爱在没有病的人身上显能，以便把别人健康的身体说成是被医治好的。"10 天以后，扁鹊第二次去见桓公，他察看了桓公的脸色之后说："您的病到肌肉里面去了。如果不治疗，病情还会加重。"桓公不信。又过了 10 天，扁鹊第三次去见桓公，他看了看桓公，说道："您的病已经发展到肠胃里面去了，如果不赶紧医治，病情将会恶化。"桓公仍不相信。他对"病情变坏"的说法更加反感。照旧又隔了 10 天，扁鹊第四次去见桓公，两人刚一见面，扁鹊扭头就走，桓公心想："怎么这次扁鹊不说我有病呢?"桓公派人去找扁鹊问原因。扁鹊说："一开始桓公皮肤患病，用汤药清洗、火热灸敷容易治愈；稍后他的病到了肌肉里面，用针刺术可以攻克；后来桓公的病患至肠胃，服草药汤剂还有疗效。可是目前他的病已入骨髓，人间医术就无能为力了。得这种病的人能否保住性命，生杀大权在阎王爷手中。我若再说自己精通医道，手到病除，必将遭来祸害。"5 天过后，桓公浑身疼痛难忍，他后悔莫及，在痛苦中死去。

【课程思政教学设计与实施】

本案例主要用在医学美容技术专业的"美容中医技术"课程中，在介绍"防治原则"的知识点时，融入扁鹊见蔡桓公的故事。

课前：通过学习通平台下发自主学习任务，通知同学们预习本节课内容。请同学们以小组为单位，搜集扁鹊治病的故事，并且写出对扁鹊治病故事的感悟，上传至学习通平台。

课中：在介绍"防治原则"的知识点时，随机请 1 ~2 组代表上台分享他们组在课前搜集的扁鹊治病的故事及他们对故事的感悟。每组代表分享后给 1 ~2 分钟时间，请讲台下的其他同学发表他们在听小组代表分享扁鹊治病故事时自己的感悟。最后教师进行总结，倡导学生勇于正视现实，及早采取救治措施，同时学习扁鹊爱岗敬业、坚守职责的崇高精神。

（宋莉莉）

案例 13

美国针灸热

【课程思政素材】

20 世纪 70 年代，美国发生了一场持续数年的“针灸热”，起因似乎是因为一篇《纽约时报》的报道。

当年尼克松访华团的随团成员中，有一名年轻的《纽约时报》记者，在访问北京时不巧患了阑尾炎，住进了中国医院。中国医生在做阑尾切除术时，没用常规麻药麻醉，而是用了针刺麻醉，手术十分成功。这位记者回美国后，在《纽约时报》发表了一篇文章，介绍自己的亲身经历，从而引发了美国的针灸热。

【课程思政教学设计与实施】

本案例主要用在医学美容技术专业的“美容中医技术”课程中，在介绍“针灸美容法”的知识点时，融入“美国针灸热”事件。

课前：通过学习通平台下发自主学习任务，通知同学们预习本节课内容，了解针灸美容法。请同学们以小组为单位，收集“美国针灸热”事件相关资料，制作成 PPT，上传至学习通平台。

课中：在介绍“针灸美容法”知识点时，随机请 1 ~ 2 组代表上台分享他们组在课前搜集的“美国针灸热”的故事，每组代表分享后给 1 ~ 2 分钟时间，请讲台下的其他同学发表他们在听“美国针灸热”的故事时自己的感悟。最后教师进行总结，倡导学生认同与尊崇我国传统文化，认真学习并发扬中国传统医学知识，增加学生的职业认同感及使命感，增强学生的民族自信心和自豪感，激发学生的爱国热情，培养他们立志献身祖国的远大理想。

（宋莉莉）

案例 14

中药静脉乳剂发明人李大鹏

【课程思政素材】

李大鹏，中药制剂学家，生于浙江温州永嘉县，1977 年毕业于上海第一医学院药学系，现任浙江中医药大学教授，博士生导师，浙江康莱特集团总工程师。

李大鹏进入浙江中医药大学附属医院后，致力于中药薏苡仁抗癌的相关药学研究。由于当时实验条件简陋，盛夏时易燃易爆化学溶剂发生爆炸起火，李大鹏为抢救实验材料及已提取的化合物奋不顾身，被大火烧成重伤。但是，严重的伤残未能阻止李大鹏的科研之道，未等伤愈，他即拖着全身的伤痛重新开始科研，并提前完成了这一研究项目。

在以后的岁月中，他克服了难以想象的困难，完成了一系列重大中医药创新研究。

李大鹏从中药薏苡仁中发现并分离出新的抗癌活性化合物；研发了中药新剂型，成功研制了输液型乳剂，率先建立静脉乳剂技术平台。20 世纪 80 年代，静脉乳剂在我国仍处于产业化的空白。李大鹏经过多年技术攻关，率先研制成功拥有自主知识产权的抗癌中药静脉乳剂——康莱特注射液，由此填补中药静脉乳剂的空白。该制剂及其工艺获得了中、日、美等国的发明专利，并获得国家科技进步二等奖。

【课程思政教学设计与实施】

本案例主要用在医学美容技术专业的“美容中医技术”课程中，在介绍“中药美容法”时，融入中药静脉乳剂发明人李大鹏的事迹。

课前：通过学习通平台下发自主学习任务，通知同学们预习本节课内容，了解中药内治法的给药途径。请同学们以小组为单位，搜集中药静脉乳剂发明人李大鹏的简介及事迹，并且写出对李大鹏事迹的感悟，上传至学习通平台。

课中：在介绍“中药美容法”知识点时，随机请 1 ~ 2 组代表上台分享他们组在课前搜集的李大鹏的事迹及他们对事迹的感悟。每组代表分享后给 1 ~ 2 分钟时间，请讲台下的其他同学发表他们在听小组代表分享李大鹏事迹时自己的感悟。最后教师进行总结，倡导学生学习李大鹏创新进取、不辞劳苦、无私奉献的崇高精神。

（宋莉莉）

第六章　药学篇

案例 1

青霉素背后的故事

【课程思政素材】

青霉素是一种非常具有代表性的抗生素，是人类药物史上非常经典的药物之一。1928年，细菌学家弗莱明在做细菌培养实验时，发现有一个金黄色葡萄球菌的培养皿被霉菌污染了。正常的情况下，被污染的培养皿会被丢弃，但他没有这样做，而是凭着严谨的工作态度仔细观察，发现霉菌周围分泌的一种黏液抑制了金黄色葡萄球菌的生长。正是由于这种严谨的工作态度，弗莱明发现了青霉素。

1940 年，英国牛津的两位科学家弗洛里和钱恩在老鼠身上试验了青霉素的疗效，并成功提取出了一些青霉素。青霉素挽救了成千上万的伤员及病人的性命，并且开创了百花齐放的抗生素时代。1945 年的诺贝尔生理学及医学奖颁发给了弗莱明、弗洛里及钱恩三人。

【课程思政教学设计与实施】

本案例主要是用在药学专业的“药物化学”课程中，在介绍“β－内酰胺类抗生素代表药青霉素”时引入发现青霉素的案例。

课前：在学习通平台上布置任务——青霉素的发现是偶然还是必然？查找青霉素被发现的过程中有哪些关键人物及他们做出了什么贡献。青霉素的发现对我们有什么启发？要求同学们查找资料后在学习通平台回答相关问题。

课中：在介绍“青霉素”的知识点时，选取具有代表性的回答进行点评。通过分析案例，呼吁学生们树立细心观察、精益求精、严谨治学的科学态度。

（唐海飞）

案例 2

中国色谱之父卢佩章

【课程思政素材】

卢佩章出生于1925年10月，童年时经历过抗日战争，青年时又被关过牛棚。卢佩章历经了各种磨难，但从未改变他对祖国的热爱。

1948年，他从同济大学理学院化学系毕业后留校任教，1949年9月来到中国科学院大连化学物理研究所工作。刚到研究所时，卢佩章本想从事催化方面的研究，但国家任务的神圣感和科学家的责任感使他改变了研究方向，从此与我国国防工业和色谱研究结下不解之缘。

核潜艇需要在水下连续航行数月甚至一年以上，但艇上的空气净化和再生问题制约着各国核潜艇技术的发展。20世纪70年代，卢佩章接受了为我国第一艘核潜艇密封舱进行气体分析的紧急任务。随后，他带领科研小组研制出当时世界上最先进的船用色谱仪。

在国家迫切需要生产液氢及稀有气体时，卢佩章又带领团队研制出国际上只有个别发达国家才能生产的新型分子筛催化剂，使我国先于其他国家研制出脱氧分子筛105催化剂，制备出6个9以上的超纯氢、氦、氩等气体。

回顾卢佩章的一生，他使我国色谱科学的发展从无到有。他进行色谱分析半个多世纪，获得成果无数。无论是他的拳拳爱国之心，还是他专注科研的精神都值得被铭记。

卢佩章曾这样写道："人总是要死的，一个科学家最大的幸福是能给社会、人类做出些贡献。科学家要有创新，必须有坚实的理论和技术基础。有一颗热爱科学的心，才能选准方向，坚持下去。"中国色谱学开创者卢佩章用他的一生践行了这句话，永远热爱科学，为色谱学的发展做出了自己的贡献。

【课程思政教学设计与实施】

本案例主要用在药学专业的"药物分析"课程中，在介绍"气相色谱"的知识点时，融入中国色谱之父卢佩章的生平事迹。

课前：通过学习通平台下发自主学习任务，请同学们以小组为单位，搜集中国色谱之父卢佩章的生平及事迹，写出自己的感悟，制作成PPT，上传至学习通平台。

课中：在介绍"气相色谱"相关知识点时，随机请1～2组代表上台分享他们组在课前搜集的卢佩章的生平事迹及感悟。每组代表分享后给1～2分钟时间，请讲台下的其他同学发表他们在听小组代表分享后自己的感悟。最后教师进行总结，激励同学们学习卢佩章不懈奋斗、不忘初心、勇于创新、自强不息、热爱祖国、淡泊名利、无私奉献的精神。

（李俊雅）

案例 3

乱吃感冒药导致的悲剧

【课程思政素材】

2018 年 3 月，南京一名 27 岁的在校研究生小张，因为感冒发烧，自行去药店买了几种感冒药同时服用，服药后出现高烧 41℃、呼吸困难、血压下降、肾功能衰竭、肝功能衰竭、严重凝血功能障碍……人体总共 8 个脏器系统，而小张当时出现 5 个系统功能衰竭。经过积极抢救，小张最终还是于入院 7 天后去世。

【课程思政教学设计与实施】

本案例用于“临床药物治疗学”课程中，在介绍“治疗药物的选择”知识点时融入案例，引导学生要依规用药，心怀敬畏之心，树立安全至上的意识。

课前：教师通过学习通平台发布讨论话题——哪些解热镇痛药中含有对乙酰氨基酚？对乙酰氨基酚的副作用有哪些？要求所有同学跟帖，并分组给出答案。辅导答疑，检查任务的完成情况，进一步优化教学设计。

课中：在讲授“呼吸系统疾病的药物治疗”中的知识点“治疗药物的选择”时导入案例。首先通过抢答方式要求学生回答问题：（1）哪些解热镇痛药中含有对乙酰氨基酚成分？（2）对乙酰氨基酚的副作用有哪些？教师根据学生回答问题的情况，一步一步引导学生，在选择呼吸系统感染治疗药物时，只有懂得药物的相关知识，才能正确地指导患者安全合理地使用药物。接着教师再提问：含有对乙酰氨基酚的感冒药为什么不能重复使用？通过进一步讨论，引导学生知晓平时常用的感冒药关系着人体的健康，我们只有对生命常怀敬畏之心，树立安全至上的意识，才能指导患者安全使用药物。

（吴梅青）

案例 4

反应停事件惨痛的历史教训

【课程思政素材】

反应停，其药品通用名为沙利度胺，1957 年首次被用作处方药。沙利度胺推出之始，科学家们说它能在妇女妊娠期控制精神紧张，防止孕妇恶心，并且有安眠作用，因此，此药又被叫作反应停。

反应停于20世纪60年代初期在全世界广泛使用，它能够有效地阻止女性怀孕早期的呕吐，但也妨碍了孕妇对胎儿的血液供应，导致大量海豹肢畸形婴儿出生。

在反应停使用之前，并未对该药物的安全性进行仔细的检验，就将其广泛应用于欧美国家妇女妊娠反应的治疗。1957—1961年，沙利度胺导致全球12000余名海豹肢畸形患儿出生，还有5000～7000名婴儿因畸形在出生前死亡，这给当时的欧洲带来极其严重的打击。

【课程思政教学设计与实施】

本案例用于“临床药物治疗学”课程模块“特殊人群用药”中，在讲授知识点“妊娠期慎用的药物”时，让学生充分感受到“健康所系、性命相托”的沉甸甸的责任感和使命感。

课前：通过学习通平台布置任务——查找与观看反应停事件相关的图片和视频，并写出反应停事件带给大家的启示。辅导答疑，检查任务的完成情况，进一步优化教学设计。

课中：在讲授“妊娠期慎用的药物”时，播放反应停事件的视频和图片，然后小组讨论，思考为什么怀孕早期的女性服用沙利度胺会导致海豹肢畸形婴儿的出生。最后教师进行总结，引导学生明白，作为一名医药人，要有扎实的专业知识，充分感受到“健康所系、性命相托”的沉甸甸的责任感和使命感。

（吴梅青）

案例 5

中国原创新药甘露特钠胶囊

【课程思政素材】

甘露特钠胶囊（代号GV－971，商品名“九期一”）是国际上首个靶向脑－肠轴的阿尔茨海默病治疗新药，是由中国科学院上海药物研究所耿美玉研究员领导研究团队，坚持22年，在中国海洋大学、中国科学院上海药物研究所与上海绿谷制药有限公司的接续努力下研发成功的原创新药。

甘露特钠胶囊是从海藻中提取的抗阿尔茨海默病的寡糖药物，是我国自主研发并拥有自主知识产权的创新药。该药基于新颖的多靶点协同机制发挥作用，成为全球首个治疗阿尔茨海默病通过临床3期试验的新药。

【课程思政教学设计与实施】

本案例用于“临床药物治疗学”课程模块“神经系统疾病的药物治疗”中，在讲授“神经退行性疾病简介”知识点时，在理论课程教学中穿插甘露特钠胶囊原创药物的案例，以激发学生的民族荣誉感与爱国主义精神，鼓励学生勤学多思、善于创新。

课前：教师通过学习通平台发布讨论话题：帕金森病与阿尔茨海默病有哪些异同点?要求所有同学跟帖。辅导答疑，检查任务的完成情况，进一步优化教学设计。

课中：在讲授“帕金森病的药物治疗”时，先提问“帕金森病与阿尔茨海默病是一回事吗?”接着播放视频“中国原创新药 GV－971：22 年研制之路的偶然与必然”，请一个学生说出观看视频后的感悟。接着教师进行分析：这款中国原创、国际首个靶向脑－肠轴的阿尔茨海默病治疗新药，将为广大阿尔茨海默病患者提供新的治疗方案。GV－971 的上市填补了阿尔茨海默病治疗领域无新药上市的空白，见证了一个团队 22 年的坚持，更是对中国科研人员在创新药物研发领域的一次肯定。通过案例分析，引导学生厚植爱国主义情怀，鼓励学生勤学多思、善于创新。

（吴梅青）

第七章 医学检验技术篇

案例 1

手工操作的重要性

【课程思政素材】

2019 年 2 月 24 日，CCTV12 法制频道《律师来了》栏目播出了一个案例，名为“重生的烦恼”，该节目反映出的问题值得每一位检验工作者深思和反省。

故事讲述了张女士因为一纸“免疫性血小板减少性紫癜”的诊断书开启了四年噩梦。四年间反复检查、反复治疗，一次次因为血小板值很低而收到病危通知书。之后，家属将其送至省城医院治疗，却发现张女士根本没病，血小板一点也不低。张女士的血小板聚集，用仪器检测的值很低，之前的医院检验科没有对血小板进行手工复查，而省城医院检验科发现张女士的血小板仪器检测值很低后，通过血涂片复查，发现张女士的血小板聚集明显，手工牛鲍计数板计数后，血小板值正常。

【课程思政教学设计与实施】

本案例主要用在医学检验技术专业的“临床检验基础”课程中，在介绍临床检验的基本要求之“重视手工操作”内容时，通过观看视频“重生的烦恼”，突出手工检查的重要性，培养学生严谨的工作态度和以人为本、关爱生命的精神。

课前：通过学习通平台下发自主学习任务，搜集血小板假性减低的案例。

课中：本次案例以讲授为主，观看视频之后，对比患者仪器检测的血小板值和手工检测的血小板值，分析讨论血小板值变化的原因，引入知识点“手工操作的重要性”。引导学生换位思考：如果是你的亲人遭遇这种情况，你的心情会怎样？以后你遇到这种情况，你该怎么处理？让学生从临床技师的角度看问题，培养学生的职业道德和人文素质。

（何　艳）

案例 2

血型 A + A = B?

【课程思政素材】

病房里，一对年轻的父母正围着医生争吵着。原来，他们的血型都是 A 型，但是他们的孩子的检验报告单上却写着 B 型。稍有些医学知识的父亲立即怒气冲天，孩子的母亲一脸委屈，坚决否认做过任何对不起孩子父亲的事。于是，他们一起来找医生问个究竟。贾医生说："根据遗传定律，父母都是 A 型的孩子的确只可能是 A 型或 O 型。"孩子的母亲坚决否认："你们的检查结果肯定有问题，赶快给我查清楚，不然我到其他医院去查，你们错了的话要负责。"

于是，医生打电话到检验科，检验师立即认真复查，结果还是 B 型。不过，检验师告诉医生："理论上，父母血型都是 A 型的话，孩子的确只可能是 O 型或 A 型，但有时一些体内的变化可能产生一些异型抗原，造成血型暂时性出现检测错误，比如感染、白血病等，甚至有因基因突变而导致孩子的血型与父母不匹配而且持续终生的报道，虽然这些情况极其罕见。所以，不能单纯根据血型来判断孩子是不是父母亲生的。可以建议他们过一段时间后再来复查或到上级医院采用更先进的检测方法进行检测，甚至做基因分析，以得出更准确的结果。"

后来通过随访得知，经 DNA 亲子鉴定，这对年轻夫妇消除了误解，事情终于顺利解决。

【课程思政教学设计与实施】

本案例主要用在医学检验技术专业的"临床检验基础"课程中，在介绍知识点"红细胞血型系统"时，通过分析案例，理解血型测定中的严谨性和科学思维，帮助学生树立高尚的医德。

课前：通过学习通平台完成课前练习题，让学生初步了解父母与孩子血型的关系。

课中：此案例以讲授和讨论为主要教学形式。讲授前，以提问的形式启发学生思考问题：血型都为 A 的夫妻生出的孩子是什么血型？如果患者怀疑你的检验结果，你怎样分析结果？学生已经学习了血型的概念和特点，通过案例加强对血型鉴定和血型遗传的学习，在帮助学生理解、记忆专业内容的同时，进一步加强思政教育，培养学生热爱生命、严谨操作、勇于创新的意识以及与患者沟通的能力。本案例旨在培养学生高尚的医德，严谨的科学思维，以及利用专业知识为患者答疑解惑的沟通能力。引导学生思考：当遇到截然相反的观点和论断时，我们该怎么做？这种情况下，如何与患者沟通？

（何　艳）

案例3

尿酮体的检查

【课程思政素材】

临床案例：内分泌科患者，女，73 岁，既往有糖尿病病史，怀疑酮症酸中毒，急查尿常规、血糖以及血气分析等。尿常规和血糖结果：尿酮体（+），血糖为 22.2 mmol/L，其余结果当时尚未出。这时，临床医生打来电话问道："检查结果怎么回事？患者很明显的酮症了，化验结果酮体不高，我们都抢救、治疗得差不多了，结果又很高。"

酮体并不是单纯的一种物质，酮体是由乙酰乙酸、β-羟丁酸和丙酮三种物质组成的。如今，大多数仅检测乙酰乙酸，这就是检验医生背黑锅的原因了。糖尿病酮症酸中毒早期，酮体升高主要是 β-羟丁酸的升高，乙酰乙酸很少，于是酮体的检验结果低于实际的酮体总量；而在得到治疗缓解后，β-羟丁酸转化为乙酰乙酸，检测到的酮体值就高了。

酮体的三个成分，就是产生临床和检验间误会的罪魁祸首。

若检验单略多几句解释，或临床医生能对糖尿病这种高发疾患的检验指标多一点了解，是不是就能减少一些误会呢？

【课程思政教学设计与实施】

本案例主要用在医学检验技术专业的"临床检验基础"课程中，在介绍知识点"尿液酮体定性检验"时，通过分析案例，培养学生的职业操守，强化服务意识，培养沟通表达能力。

课前：通过学习通平台完成课前小任务——写出酮体生成的过程。

课中：此案例采用老师讲授和学生讨论相结合的教学形式。先讲解酮体的组成、酮体检测的方法，然后分析案例。通过讨论引导学生分析案例中酮体检测结果与患者临床表现不一致的具体原因，提高学生的学习兴趣，强化专业知识的记忆，培养学生的临床思维，培养学生和患者沟通的能力。

（何　艳）

案例4

显微镜的发明者列文虎克

【课程思政素材】

列文虎克（1632—1723 年），荷兰显微镜学家、微生物学的开拓者。

列文虎克出生在一个非常穷苦的家庭，在童年时代，他为了维持生活，到处流浪奔波。在16岁那年，他到一家杂货店里当学徒，1天干12小时的活，天天累得疲惫不堪。可是，他很有志气，决不肯向苦难的命运低头。他想尽办法学习知识，学习本领。每到晚上，他就在昏暗的灯光下，翻开从别人那里借来的书，刻苦认真地自学。

这家杂货店的旁边，是一家眼镜店。列文虎克常常看到眼镜店的人磨镜片，他渐渐对镜片产生了兴趣。他一有时间就到眼镜店里观察他们磨制镜片，有时也试着磨一磨，这样就慢慢地掌握了磨镜片的技术。同时，他也了解了什么样的镜片可以使人看的东西变大，什么样的镜片可以使人看远处的东西时看得真切。

浓烈的兴趣，不懈的精神，使他成功磨制了镜片。他怀着喜悦的心情，又把这片高精度镜片装在一块金属板上，还安上调节镜片的螺旋杆。世界上第一台显微镜就这样诞生了。

列文虎克显微镜的问世，为微生物学的研究打开了大门，开辟了人类征服传染病的新纪元。

【课程思政教学设计与实施】

本案例主要用在医学检验技术专业的“微生物学检验”课程中，在介绍“微生物学的发展历程”的知识点时，融入显微镜的发明者列文虎克的生平简介以及他对微生物学发展的巨大贡献。

课前：通过学习通平台下发自主学习任务，请同学们以小组为单位，搜集列文虎克的简介及事迹，并且将感触最深的内容制作成PPT，上传至学习通平台。

课中：在介绍“微生物学的发展历程”的知识点时，随机请1～2组代表上台分享他们组在课前搜集的列文虎克的事迹及他们对事迹的感悟。每组代表分享后给1～2分钟时间，请讲台下的其他同学发表他们在听小组代表分享列文虎克事迹时自己的感悟。最后教师进行总结，倡导学生学习列文虎克锲而不舍、不辞辛苦、不畏困难、为微生物学的发展贡献自己全部力量的崇高精神。

（贺　惠）

案例 5

了解炭疽芽孢杆菌，铭记历史

【课程思政素材】

炭疽芽孢杆菌属于需氧芽孢杆菌属，是引起某些家畜、野兽和人类炭疽病（人畜共患）的病原菌。炭疽杆菌感染可以引起皮肤炭疽、肠炭疽、肺炭疽，传染性极强，致死率高。炭疽杆菌对社会公共卫生和经济发展危害极大。

731部队（全名为日本关东军驻满洲第731防疫给水部队）假借研究防治疾病与饮水净化，实则使用活体中国人进行生物武器与化学武器的实验。2020年6月，日本学者公布了一份二战后的政府公文，据称首次证实了日军731部队曾培养细菌，并开展细菌战，炭疽芽孢杆菌被日军当作生物武器，以求达到侵占中国，称霸世界的目的。

【课程思政教学设计与实施】

本案例主要用在医学检验技术专业的“微生物学检验”课程中，在介绍“炭疽芽孢杆菌”知识点时，融入日军731部队对我国实行的残忍至极的人体试验及进行细菌战的可耻事迹。

课前：通过学习通平台下发自主学习任务，请同学们以小组为单位，搜集731部队的历史记录视频片段，写下自己观看视频的心得体会，并且上传至学习通平台。

课中：在介绍“炭疽芽孢杆菌”知识点时，播放张艺谋电影《悬崖之上》的部分片断，介绍这部电影的真实历史背景——日军731部队及其细菌战。炭疽芽孢杆菌当时被日军当作生物武器，以求达到侵占中国，称霸世界的目的。观看视频片段后，选取1～2名学生谈谈自己的感想。

（贺　惠）

案例6

细心工作发现巨幼细胞贫血

【课程思政素材】

患者男，26岁，肝胆胃肠外科门诊患者。主诉：面色苍白、头晕、乏力2月有余。患者随时有生命危险，随即入院治疗。症状及体征：肝脾无肿大，贫血貌，头晕，乏力，发热，体温38.2℃。

血常规提示三系降低，PLT：24×10^9/L↓，HGB：49 g/L↓，WBC：2.00×10^9/L↓。实验室检查：血细胞三系减少、网织红细胞绝对值降低、淋巴细胞比例相对增多、小细胞低色素性贫血。

病史：有长期的工业原料化学物苯及衍生物的接触史。

初步诊断：再生障碍性贫血（AA）？以输血、补液对症治疗。入院3天后，医生发现治疗无明显效果，随即再次抽血检验。检验人员发现与初步诊断的再生障碍性贫血明显不相符，联系临床医生进行骨髓细胞学检查。4天后，骨髓细胞学检查提示巨幼细胞贫血骨髓象，并附上细胞图片。经过骨髓检测，发现患者为巨幼细胞贫血。在原治疗方案的基础上补充叶酸、维生素 B12，治疗 13 天后康复出院。

【课程思政教学设计与实施】

此案例显示，作为检验人员需要具备扎实的专业知识，同时要以病人为中心，加强与患者沟通，培养细致、细心的工作态度。

课前：通过学习通平台下发案例，请同学们以小组为单位，讨论本案例的检测结果并上传至学习通平台。

课中：随机请 1 ~2 位代表上台分享他们组在课前讨论的结果。教师进行总结，说明在原治疗方案的基础上，补充叶酸、维生素 B12 的目的。巨幼细胞贫血的病因为缺少叶酸与维生素 B12，补充可进行治疗。此患者进行新方案治疗后，网织红细胞明显升高，入院 13 天后，康复出院。

学生小组讨论：为何最初未诊断出巨幼细胞贫血?

（谭伊曼）

案例 7

保护环境为健康

【课程思政素材】

再生障碍性贫血是一种由多种原因导致骨髓造血功能减退所致的血液疾病。再生障碍性贫血的致病因素主要有化学因素、生物因素、物理因素以及内分泌因素等。这些致病因素中，有些我们难以避免，有些是可以避免的。

化学物质中的苯及其衍生物与再生障碍性贫血关系密切。它们的主要来源有油漆、染色剂、黏合剂、墙纸、合成纤维、汽车尾气等。

苯主要通过蒸气被人体吸入，其液体可经皮肤吸收。苯中毒对人的危害主要有三类：致癌、致残、致畸胎。短期内吸入较高浓度的苯可发生亚急性苯中毒，出现头昏、头痛、乏力、失眠、月经紊乱等症状，并可导致再生障碍性贫血、急性白血病。

习近平总书记明确指出：“我们既要金山银山，也要绿水青山，宁要绿水青山，不要金山银山，而且绿水青山就是金山银山。”

【课程思政教学设计与实施】

课前：通过学习通平台下发习近平总书记的讲话，请同学们以小组为单位，讨论身边哪些化学物质会对人体造成伤害，并将讨论结果上传至学习通平台。

课中：在介绍知识点时，随机请 1 ~2 组代表上台分享他们组在课前的讨论结果，最后教师进行总结，倡导学生保护环境。

（谭伊曼）

案例8

D－二聚体的检测

【课程思政素材】

某女士首次孕检结果显示，D－二聚体异常升高，超出正常参考值10倍，提示体内存在凝血功能亢进，临床医生要求患者定期复查凝血功能。第8次检测D－二聚体时，检验人员发现D－二聚体结果＞纤维蛋白（原）降解产物，随即将样本1：8稀释，上机重新检测，结果显示D－二聚体正常，患者体内不存在凝血功能亢进。患者前7次的检验结果，显然是不正确的。得知D－二聚体结果正常后，患者终于松了一口气。后续随访，患者顺利产下一名男婴。

【课程思政教学设计与实施】

本案例主要用在医学检验技术专业的“血液学检验”课程中，在介绍凝血功能的知识点时融入案例，启发学生认识自己的责任与价值，树立高度的社会责任感。此案例告诉学生，临床检验不能单凭一项指标即断定疾病。

课前：通过学习通平台下发案例，请同学们以小组为单位，讨论案例的检测结果并上传至学习通平台。

课中：在介绍知识点时，分析本案例。孕妇在妊娠期间，由于体内激素水平的变化，血液处于高凝状态，伴有一定量的凝血因子增加。D－二聚体作为判断血栓前状态及继发性纤溶亢进的参考指标，其水平与妊娠期糖尿病、妊娠期高血压综合征的发生及进展密切相关。D－二聚体异常增高，有时甚至居高不下，说明体内在不断进行纤维蛋白降解过程，这时孕妇和胎儿均处于危险中，孕产妇可能形成血栓和发生DIC。如果孕产妇能够及时检查D－二聚体指标，将对病情预防、检测及治疗有重要意义。当D－二聚体＞纤维蛋白（原）降解产物时，D－二聚体的结果是不可信的。D－二聚体要与FDP同时检测，多重防护，避免出现类似情况。

（谭伊曼）

案例 9

人痘预防天花

【课程思政素材】

中国是世界上最早将免疫学知识应用于生活实践的国家，早在公元 16 世纪，我国明朝隆庆年间已有关于种痘预防天花的记载，那时种痘是模拟自然感染途径的接种方式，是民间智慧的总结，也是最早的原始疫苗接种，当时不仅在国内广泛应用，还传到俄国、日本、英国等国家，并得到了改造与提升。

中国是世界上最早预防天花的国家。1688 年，俄国人到中国学习人痘接种术，随后传播到更多国家。18 世纪末，英国医生詹纳受人痘的启发，发明了更安全有效的牛痘疫苗，于 1805 年传入中国。正是不同国家和民族之间防疫经验的交流学习，使人类最终消灭了天花病毒。

【课程思政教学设计与实施】

本案例主要用在医学检验技术专业的“免疫学检验”课程中，在介绍免疫学检验概论中“免疫学的发展简史”的知识点时，融入“人痘预防天花”案例。

课前：在学习通平台发布学习任务——了解人痘预防天花的历史。世界最早将免疫学应用于生活与实践的是哪个国家？牛痘苗是如何发明的？牛痘苗的发明有哪些意义？

课中：请 1 ~ 2 组代表上台分享他们组在课前搜集的人痘预防天花的历史及感悟。最后教师进行总结：世界上最早将免疫学应用于生活与实践的是中国。引导同学们树立文化自信，立志为传染病防治做贡献。

（邓阳勇）

案例 10

中国疫苗之父汤飞凡

【课程思政素材】

汤飞凡（1897—1958 年），湖南醴陵人，著名微生物学家、病毒学家、沙眼衣原体的发现人之一。

汤飞凡幼年常听父辈谈论维新、改革，“学西方、学科学，振兴中华”这些思想渗透到他幼小的心灵。小时在家乡看到穷苦农民贫病交加，中国人被讥笑为“东亚病夫”，他就立志学医。

1914 年，汤飞凡从工业学校退学考入湖南湘雅医学专门学校。七载苦读后，汤飞凡放弃了行医，他认为当医生一辈子能治好的病人是有限的，如果发明一种预防疾病的方法，就可以拯救更多人的疾患。于是，汤飞凡进入北京协和医学院继续进修学习，研究微生物学和传染病学，其间得到了严格的实验规范学习和实验训练，三年后获得哈佛大学医学院奖学金，进入哈佛医学院学习微生物学和免疫学。

因为他的聪明、勤奋及出色的研究成果，他的导师希望他留在美国。为了建立中国人自己的医疗体系，他接受了湘雅恩师颜福庆的邀请，毅然放弃美国优越的生活和研究环境，带着妻儿回国，在当时初创的位于上海的国立中央大学医学院任教。

1937 年七七事变发生，他和妻子一起奔赴抗日前线，加入医疗队，与战士们一起出生入死。在前线目睹了战士们因为医药资源短缺而丧命的惨状，汤飞凡觉得必须研发制造青霉素。在极其艰苦的抗战环境中，甚至是没有自来水的情况下，汤飞凡研发出了青霉素制造工艺，甚至出口到欧洲，支持二战盟军，挽救了无数反法西斯战士的生命。

1955 年，汤飞凡采用鸡胚卵黄囊分离培养沙眼衣原体获得了成功，并通过亲身实验验证了衣原体引起沙眼的典型症状，得到世界的承认。后来他又分离出麻疹病毒和脊髓灰质炎病毒，并研制出相应的疫苗。

【课程思政教学设计与实施】

本案例主要用在医学检验技术专业的“免疫学检验”课程中，在介绍“免疫预防”的知识点时，融入中国疫苗之父汤飞凡教授在医学上的辉煌业绩及对国家和人民的伟大贡献。

课前：通过学习通平台下发自主学习任务，请同学们以小组为单位，搜集中国疫苗之父和沙眼衣原体之父汤飞凡教授的简介及事迹，将感触最深的内容制作成 PPT，上传至学习通平台。

课中：在介绍“免疫预防”的知识点时，随机请 1 ~2 组代表上台分享他们组在课前搜集的汤飞凡教授的事迹及他们对事迹的感悟。每组代表分享后给 1 ~2 分钟时间，请讲台下的其他同学发表他们的思考与体会。最后教师进行总结，倡导学生学习汤飞凡教授奋发图强、不辞劳苦的拼搏精神，学习汤飞凡教授热爱祖国、热爱人民、不慕富贵、不畏艰险、勇于挑战、科技创新、济世救民的崇高精神。

（邓阳勇）

案例 11

冠心病前瞻性诊断研究专家蔡小舒

【课程思政素材】

上海理工大学蔡小舒教授一直在能源与动力领域做二相流检测研究，与医学检测没有任何关系。2017 年的一天，他因急性心肌梗死住院治疗，差点有生命危险，多亏治疗及时。在住院期间，他了解到，心肌梗死大多突发，没有先前征兆，而急性心肌梗死致死率极高。近年来，急性心肌梗死成为最主要的“杀手”之一，每年夺走很多人的生命。能否有检测方法可以预测这种疾病呢？他把这种想法与自己的主治医生谈了，医生说：“那太好了，如果成功，可以拯救很多人的生命啊！”这样，蔡小舒教授课题组与医生开展合作，在国际上首次提出了一种通过检测尿液来判断心血管堵塞程度的快速、无损冠心病前瞻性诊断方法。这种方法在冠状动脉血管堵塞尚未达到发生心肌梗死时，给病人提供是否须做详细心脏检查的临床依据，有助于降低心肌梗死的发病率。

【课程思政教学设计与实施】

本案例主要用在医学检验技术专业的“生物化学检验”课程中，在介绍“光谱分析技术的发展现状”的知识点时，融入蔡小舒教授的生平简介及人生贡献。

课前：通过学习通平台下发自主学习任务，请同学们以小组为单位，搜集蔡小舒教授的生平简介及事迹，写出感悟，上传至学习通平台。

课中：在介绍“光谱分析技术的发展现状”的知识点时，随机请 1 ~ 2 组代表上台分享他们组在课前搜集的上海理工大学蔡小舒教授的生平简介及人生贡献。请讲台下的其他同学发表他们在听蔡小舒教授人生贡献时自己的感悟。最后教师进行总结：蔡小舒教授的创新是与他知识渊博、功底扎实不可分离的，基础知识是科学创新的基石。引导学生学习蔡小舒教授的创新精神和科学精神。

（张　诺）

案例 12

我国酶学发展杰出贡献者

【课程思政素材】

王应睐，主要研究酶化学与营养代谢，对维生素、血红蛋白、琥珀酸脱氢酶进行了深入的研究，发现酶朊与 FAD 是以共价键结合，并受底物与磷酸盐等物激活，这项工作是该酶研究的重要突破。

邹承鲁，在国际上最早尝试用蛋白水解酶部分水解的方法研究蛋白质结构与功能的关系，发现细胞色素 C1 与线粒体结合前后性质发生了很大的变化，证明细胞色素 B 与琥珀酸脱氢酶不是同一种物质。

曹天钦，发现肌球蛋白轻链，获得国际同行的认可，被载入史册。

钮经义，自 1958 年起开展人工合成胰岛素研究，对制订合成方案，直至胰岛素 B 链的合成做出了贡献。

【课程思政教学设计与实施】

本案例主要用在医学检验技术专业的“生物化学检验”课程中，在介绍“酶学技术的发展与应用”知识点时，融入王应睐、邹承鲁、曹天钦及钮经义等老一辈科学家为我国酶学发展做出的杰出贡献。

课前：通过学习通平台下发自主学习任务，请同学们以小组为单位，搜集资料：酶学分析技术在临床生物化学检验中的哪些项目中有所运用？近十年来有哪些新的发展？写一篇小综述，上传至学习通平台。

课中：在介绍“酶学技术的发展与应用”的知识点时，随机请 1 ~ 2 组代表上台分享他们组在课前搜集的酶学分析技术新的发展亮点。老师介绍王应睐、邹承鲁、曹天钦及钮经义等老一辈科学家为我国酶学发展做出的杰出贡献。请讲台下的其他同学发表他们在听老一辈科学家杰出贡献时自己的感悟。最后教师进行总结，倡导学生学习科学家爱国奉献、创新创造的精神。

（张　诺）

案例 13

酶的发现

【课程思政素材】

19 世纪中期，学术界普遍认为发酵是活细胞在起催化作用。德国化学家爱德华·布赫纳经过大量实验证实了非活体酵素具有与活体酵素一致的生物催化功能，并开拓了“无细胞发酵”先河，对酶学及发酵工业产生了深远的影响。

【课程思政教学设计与实施】

本案例主要用在医学检验技术专业的“生物化学检验”课程中，在介绍“酶的特性”知识点时，融入德国化学家爱德华·布赫纳的“无细胞发酵”理论。

课前：通过学习通平台下发自主学习任务，请同学们以小组为单位，搜集酶的发现过程的资料，写一篇小综述，上传至学习通平台。

课中：在介绍“酶的特性”的知识点时，随机请1～2组代表上台分享他们组在课前搜集的酶的发现过程的资料。老师介绍德国化学家爱德华·布赫纳的“无细胞发酵”理论。请讲台下的其他同学发表他们的感悟。最后教师进行总结：大学生不仅要吸收课堂知识，而且要注重独立思考，善于批判，在传承的基础上不断探索与创新。

（张　诺）

案例 14

医学寄生虫学家陈心陶

【课程思政素材】

陈心陶（1904—1977年），福建古田人，医学寄生虫学家，医学教育家。早在20世纪30年代，他开始调查并整理华南地区蠕虫区系，对并殖吸虫及异形吸虫等进行了形态学和实验生态学研究，发现了广州管圆线虫、怡乐村并殖吸虫等并殖吸虫新种，为中国吸虫区系分类奠定了基础。

1949年10月，中华人民共和国成立后，他谢绝了亲友的劝告，以及美国一些大学的聘请和挽留，毅然回国。途经香港时，又有一个香港科研机构愿以比美国更优厚的待遇聘请他，但他毫不动摇。在广州解放后第三天，他就回到岭南大学医学院，任寄生虫学科主任。1950年夏，陈心陶受广东省人民政府的委托到四会县的一个有“大肚病”的地区进行调查，证实了该病系血吸虫病。以后，他又深入到广东省其他地方，与基层同志一道战斗在血吸虫病防治战线上。

陈心陶晚年得了恶性淋巴瘤，但他仍奋发工作，与死神争夺时间。他拼尽残年余力，为后继者铺路，为祖国争光。他周围的人被他的这种忘我的精神感动得暗暗流泪，都曾劝他休息，但他却不听劝阻，一直坚持工作到生命的最后一刻。他认为，作为一个共产党员，必须把党和人民的利益置于个人利益之上；作为一个科学家，必须不断地寻求科学的真理。

【课程思政教学设计与实施】

本案例主要用在“寄生虫学检验”课程中，在介绍“广州管圆线虫概述”的知识点时，融入广州管圆线虫的发现者陈心陶教授的生平简介及人生贡献。

课前：通过学习通平台下发自主学习任务，请同学们以小组为单位，搜集广州管圆线虫发现者陈心陶教授的简介及事迹，将感触最深的内容制作成 PPT，上传至学习通平台。

课中：在介绍“广州管圆线虫概述”知识点时，随机请 1 ~ 2 组代表上台分享他们组在课前搜集的陈心陶教授的事迹及他们对事迹的感悟。每组代表分享后给 1 ~ 2 分钟时间，请讲台下的其他同学发表他们在听小组代表分享陈心陶教授事迹时自己的感悟。最后教师进行总结，倡导学生学习陈心陶教授热爱祖国、勇于奉献的精神。

（王从林）

案例 15

血吸虫病防治

【课程思政素材】

20 世纪中叶，血吸虫病曾给我国长江流域及其以南地区的劳动人民带去深重的灾难，夺走了众多人的生命，被称为“瘟神”。中华人民共和国成立后，共产党领导的人民政府调动千军万马，围歼血吸虫病，挽救了千千万万人的生命。

1958 年，毛主席得知江西省余江县首先消灭了血吸虫病的喜讯后，非常激动，写下了七律二首《送瘟神》。其一：绿水青山枉自多，华佗无奈小虫何！千村薜荔人遗矢，万户萧疏鬼唱歌。坐地日行八万里，巡天遥看一千河。牛郎欲问瘟神事，一样悲欢逐逝波。其二：春风杨柳万千条，六亿神州尽舜尧。红雨随心翻作浪，青山着意化为桥。天连五岭银锄落，地动三河铁臂摇。借问瘟君欲何往，纸船明烛照天烧。

【课程思政教学设计与实施】

本案例主要是用在“寄生虫学检验”课程中，在介绍“血吸虫的流行与防治”的知识点时，回顾我国血吸虫防治工作取得的成就，让学生充分体会到社会主义制度的优越性，培养学生的爱国主义情怀。

课前：通过学习通平台下发自主学习任务，请同学们以小组为单位，品读毛主席的《送瘟神》，了解毛主席是在什么样的背景下写下这两首诗，制作成 PPT，上传至学习通平台。

课中：在介绍“血吸虫的流行与防治”的知识点时，随机请 1 ~ 2 组代表上台分享他们组在课前搜集的毛主席写下这两首诗的背景。每组代表分享后给 1 ~ 2 分钟时间，请讲台下的其他同学发表他们在听小组代表分享时自己的感悟。最后教师进行总结，《送瘟神》是毛主席 1958 年 6 月 30 日在《人民日报》上读到余江县消灭了血吸虫的消息后写下的两首诗。第一首诗通过对广大农村萧条凄凉情景的描写，反映了旧社会血吸虫病的猖狂肆虐和疫区广大劳动人民的悲惨遭遇；第二首诗写新社会广大劳动人民征服大自然，治山理水，同时大举填壕平沟，消灭钉螺的动人情景。倡导学生学习发扬战胜一切艰难困苦、永不屈服、团结一心的精神。

（王从林）

第八章　中药学篇

案例 1

国家非物质文化遗产——中药炮制技术

【课程思政素材】

2006 年 5 月，中药炮制技术被列入第一批国家非物质文化遗产名录传统医药类。中药炮制是指在中医理论的指导下，按中医用药要求将中药材加工成中药饮片的传统方法和技术，古时又称“炮炙”“修事”“修治”。中药经炮制后，不仅可以提高药效、降低毒副作用，而且方便存储，是中医临床用药的必备工序。几千年以来，我国不仅积累了丰富的炮制方法与技术，而且形成了一套传统的炮制加工工具。炮制是中药传统制药技术的集中体现和核心，“饮片入药，生熟异治”是中药的鲜明特色和一大优势。中药饮片炮制技术是中国所特有的，是中国几千年传统文化的结晶，是中华文化的瑰宝。

中药炮制历史久远，相传起源于神农时代，汉代的《神农本草经》、梁代陶弘景的《本草经集注》对中药炮制已有详细的记载。东汉张仲景的《伤寒杂病论》记载了一百余种药物的炮制。南北朝时期的炮制专著《雷公炮炙论》记载了 300 种药物的炮制方法与技术。唐代的《新修本草》是我国的第一部国家药典，是炮制技术受到政府保护的开端。明代李时珍的《本草纲目》设有炮制专项。缪希雍的《炮炙大法》总结中药炮制大法 17 种。清代张睿的《修事指南》，详细记载了 232 种炮制方法。

目前，中药炮制技术处于萎缩的濒危状况。由于现代用药方法趋于常规化，传统的“一方一法”的用药模式已不复存在，许多特殊而又可产生特效的传统炮制技术逐渐被遗忘。现存为数不多的身怀绝技的炮制老药工对于自己经过长期工作总结出来的炮制方法秘而不宣，传统的炮制技术面临衰退甚至失传的局面。相关部门对炮制技术的继承和保护还不够重视，在继承和保护方面未采取具体措施，中药的炮制技术亟待得到保护。

【课程思政教学设计与实施】

本案例主要用于中药专业“中药炮制技术”课程中，在介绍“中药炮制技术起源与发展”的知识点时，融入本案例。

课前：通过学习通平台下发自主学习任务，请同学们搜集中药炮制技术起源、发展的相关典籍资料，思考在炮制技术的继承和保护方面应采取哪些具体措施。

课中：在介绍“中药炮制技术起源与发展”的知识点时提到，中药炮制技术在2006年被列为国家非物质文化遗产，但相关部门对炮制技术的继承和保护还不够重视。提问：作为中药专业学生，在继承和保护中药炮制技术方面可以采取哪些具体措施？选择2～3名学生分享。教师根据学生的回答作出总结：作为中药专业学生，要热爱我们的专业，要好好学习中药炮制技术这门课程，热爱以中医药为代表的祖国优秀传统文化。激发学生投身中药行业的自豪感和使命感。

（王　姣）

案例 2

食用乌头类中药中毒事件

【课程思政素材】

云南省民间因自行加工和食用草乌、附子等乌头类中药引起中毒甚至死亡的事件时有发生。2019年1～6月，发生中毒事件13起、死亡事件4起，其中12起事件为家庭自行加工食用草乌及饮用自制草乌泡酒造成。

为此，云南省卫生健康委发布关于预防乌头类中药中毒的健康提示：不要擅自加工、食用和邀请他人食用草乌、附子等乌头类物质及制品（包括自制的泡酒），以防中毒；确因病情需要，应该到正规的医疗机构购买经过科学炮制的制草乌、制附子，并在医师或药师指导下服用；若不慎误食草乌、附子等毒性中药材及其制品，出现口舌麻木、头晕、恶心、呼吸困难、心悸胸闷等不适症状，应立即催吐，并尽快前往医院就诊，避免延误最佳救治时机。

据介绍，草乌、附子等因含乌头碱而具有剧烈毒性，口服乌头碱0.2毫克即可中毒，3～5毫克即可致死，普通加工方法难以破坏其毒性。若自行加工食用草乌、附子等毒性中药材，极易产生心脏毒性，导致严重心律失常、呼吸衰竭、休克甚至死亡。

【课程思政教学设计与实施】

本案例主要用于中药专业“中药炮制技术”课程中，在介绍“乌头、附子的炮制”知识点时，引入2019年云南省内因食用乌头类中药引发中毒、死亡的案例。

课前：通过学习通平台下发自主学习任务，请同学们复习中药附子的功能主治、用法用量等知识，以及附子的来源鉴别、性状鉴别、显微鉴别、理化鉴别知识。

课中：在介绍附子的炮制时，引入 2019 年云南省内因食用乌头类中药引发中毒事件的案例。教师总结：附子作为 28 种毒性中药材之一，是一种特殊管理药材，临床上应用时必须使用其炮制品。引导学生意识到，在炮制工作中应有严谨的工作态度，树立“依法炮制，质量第一”的药材安全意识。然后介绍附子炮制的标准操作，并强调注意事项。

（王 姣）

案例 3

九蒸九晒何首乌

【课程思政素材】

在《本草中国》电视片中，出身中医世家的王泰科介绍了野生何首乌九蒸九晒工艺，这种一丝不苟的古法炮制是对中医医道的践行与传承。

正是因为王泰科这类中药人的不懈努力，我们仍可享用古法炮制的九制何首乌。也正是因为“九制”，使何首乌的副作用得以消除，保留了滋益的功效。

炮制后的何首乌化学成分会发生变化，这也就导致了它药理作用的变化，特别是经过九次蒸晒之后，何首乌中的大黄酚、大黄素含量大减，泻下作用减弱，而糖分的含量增加了，味变甜、性变温、补益作用增强，使何首乌成为补益肝肾的良药，尤其是治疗头发早白的良药。

一般来说，在医生的指导下规范用药不会出现毒副反应。国家有关部门规定，保健食品中，生何首乌每日用量不得超过 1.5 克，制何首乌每日用量不得超过 3.0 克。如果用量过大，服用时间过长，则有可能导致肝脏损害。因此，对于有肝病史或者其他严重疾病的患者，不主张服用何首乌；在服用过程中若出现黄疸、尿色变深、恶心、呕吐、乏力、食欲减退，也应暂停服用。

【课程思政教学设计与实施】

本案例主要用于中药专业“中药炮制技术”课程中，在介绍“黑豆汁煮何首乌”的知识点时，拓展传统九蒸九晒何首乌炮制工艺。

课前：通过学习通平台下发自主学习任务，请同学们预习何首乌的炮制工艺，在网上搜集相关资料，了解何首乌是否还有其他炮制工艺。

课中：在介绍“黑豆汁煮何首乌”的知识点时，提问：何首乌是否还有其他炮制工艺？随机请 1 ~ 2 名同学回答。根据学生回答情况，引入九蒸九晒炮制何首乌案例。通过案例，介绍九蒸九晒何首乌的传统炮制工艺，并与现代炮制工艺进行比较，强调我国很多中药的传统炮制工艺正在流失，但是仍有中药专业人士在默默传承着炮制工艺，传统中药炮制工艺虽繁杂费时，但我们不得不感叹中医药传统文化的博大精深，我们每个中药人都应有继承传统工艺的工匠精神，不畏磨难、吃苦耐劳的拼搏精神。

（王　姣）

案例4

李时珍和《本草纲目》

【课程思政素材】

李时珍以《证类本草》为蓝本，参考了经史百家著作和历代诸家本草800余种，通过实地考察和自己的临床实践，历经近27年编成科学巨著《本草纲目》。《本草纲目》是我国16世纪以前医药成就的大总结。李时珍也成为理论联系实际、脚踏实地、一丝不苟的治学精神的典范。

【课程思政教学设计与实施】

本案例主要用于中药专业“中药鉴定技术”课程中，在介绍“《本草纲目》的成书年代、作者及成就”时，融入李时珍和《本草纲目》的故事。

课前：通过学习通平台下发自主学习任务，请同学们观看“李时珍和《本草纲目》的故事”视频资料，并写出观看视频后的感想。

课中：在介绍“《本草纲目》的成书年代、作者及成就”知识点时，播放“李时珍和《本草纲目》的故事”视频资料，选择2～3名学生分享自己的感想。教师进行总结：每个人都要有自己的梦想，然后要坚持不懈地努力奋斗，勇于探索，敢于创新，不畏艰难，这样才能实现自己的梦想。

（王　姣）

案例5

辨别人形何首乌

【课程思政素材】

视频资料“人形何首乌的来由”介绍了人形何首乌的造假技术，以及人形何首乌的市场价格，提到何首乌的形状跟它的有效成分含量没有直接关系，形状也不会影响药效。

【课程思政教学设计与实施】

本案例主要用于中药专业“中药鉴定技术”课程中，在介绍“何首乌药材的鉴别”的知识点时，播放视频“人形何首乌的来由”。

课前：通过学习通平台下发自主学习任务，请同学们搜集人形何首乌的相关资料，了解人形何首乌的药用价值、市场价格。回答问题：怎样利用专业知识辨别人形何首乌？提示学生提前观看学习通平台视频“人形何首乌的来由”。

课中：在介绍完何首乌的来源鉴别、性状鉴别、显微鉴别、理化鉴别及功能主治的知识点后，提问：世界上真的有人形何首乌吗？你对其知道多少呢？接着播放“人形何首乌的来由”视频资料。播放完视频后，教师总结如何利用专业知识来鉴别人形何首乌，再次强调何首乌的鉴别知识要点，强调学习药材真伪优劣鉴定的重要性，倡导同学们树立“依法鉴别、质量第一”的药材安全意识。

（王　姣）

案例6

牛膝药材的药名来由

【课程思政素材】

视频资料“牛膝药材的药名来由”介绍了一位医术高明的老中医，他收了四个徒弟，其中三个徒弟都嫌弃年迈的师傅，唯独小徒弟把师傅当亲生父母孝顺，最终师傅传授了牛膝药材给小徒弟，小徒弟用这种药材治愈了很多人的疾病。后来人们问该药材的名字，小徒弟想起师傅未曾提起，小徒弟根据药材的节像牛的膝关节，于是将该药材取名为牛膝。

【课程思政教学设计与实施】

本案例主要用于中药专业“中药鉴定技术”课程中，在介绍“牛膝药材的药名来由”时，播放视频资料。

课前：通过学习通平台下发自主学习任务，请同学们预习牛膝的来源鉴别、性状鉴别、功效主治等知识点，并观看学习通平台上发布的相关视频，完成讨论。

课中：提问——牛膝药材是指牛的膝盖吗？根据学生回答，指出牛膝并不是牛的膝盖，而是一种植物药材，其外形似牛的膝关节，让学生对牛膝药材印象更加深刻。接着再介绍牛膝药材的来源、性状及显微鉴定知识。激发学生尊老爱幼、尊师敬友的情怀。

（王　姣）

案例 7

中药制剂专家章臣桂

【课程思政素材】

章臣桂，1934 年出生，我国著名中药制剂专家，速效救心丸、藿香正气软胶囊、清咽滴丸等几十个药品的研制人。他研制的速效救心丸挽救了成千上万患者的生命，因此在国内外医药界享有很高的名望，深受老百姓的敬重。

速效救心丸是天津市第六中药厂的拳头产品，享誉中外，20 年畅销不衰，挽救了无数患者的生命，被誉为“救命丸”。从速效救心丸开始，中药告别丹、散、膏、丸、汤的时代，走上中药现代化的路程。

章臣桂毕业后不久就用一只带体温计的电锅，打破了只凭老药工感官和经验熬制黑膏药的限制。原本学习西药专业的她，不负国家的重托，让自己接受中药，爱上中药，研发了速效救心丸、板蓝根颗粒、乌鸡白凤丸等制剂，给广大患者带来了福音。

【课程思政教学设计与实施】

本案例主要用于中药专业“中药制剂技术”课程中，在介绍“黑膏药的制备”的知识点时，引入我国著名中药制剂专家章臣桂教授的简介及事迹。

课前：通过学习通平台下发自主学习任务，请同学们搜集章臣桂教授的简介及事迹，并将感想总结成 300 字左右的文字，上传至学习通平台。

课中：在介绍“黑膏药的制备”时，引入中药制剂学专家章臣桂教授的事迹，随机请 1 ~ 2 名同学分享其感想。教师总结章臣桂教授的成就：50 年来，她一直奉献着自己的智慧，促进了整个中药行业现代化的发展进程，是中医药人学习的楷模。通过榜样的引导作用，激发学生树立为祖国医药卫生事业的发展和人类身心健康奋斗终生的理想。

（王　姣）

案例 8

我国第一个片剂银翘解毒片

【课程思政素材】

1833 年创立的隆顺榕药庄，是天津现存最早的一家本地药庄，其创办人是卞楚芳。卞家是近代“津门八大家”之一。第二代传人卞俶成年轻时曾留学海外学习经济学，在经营管理方面很有造诣，隆顺榕药庄在他的带领下得到扩大，开始在天津市内开设分店，后来又在其他省市设立分庄。晚年的卞俶成聘请职业经理人刘华圃管理药庄。

中华人民共和国成立后，隆顺榕药庄实行了公私合营，刘华圃依然担任经理，延续了隆顺榕药庄一贯的创新管理理念。他在第一届全国卫生会议上提出“成药下乡、发展国药”和“中药提取”的发展方向，得到了周恩来总理的重视和支持。1952 年底，天津隆顺榕国药提炼部成立，聘请了云南药厂的药师田绍麟，同时还聘请了中国社科院王药禹、甄汉臣、张克让三位药师，开始了对中药新剂型的研究和试制。

田绍麟出身中药世家，从小就学习中医药，后来留学法国攻读西方医药学，可以说是学贯中西。他借鉴了西药的制剂方法，提出了中药西制的发展理念。在田绍麟等科研人员的不懈努力下，中药史上第一个现代片剂“银翘解毒片”在 1953 年研制成功，1954 年又研制出第一个中药酊剂“藿香正气水”，隆顺榕也因此成为我国现代中药制剂的先行者和发源地。

【课程思政教学设计与实施】

本案例主要用于中药专业“中药制剂技术”课程中，在介绍片剂的制备工艺时引入案例，分析我国第一个片剂“银翘解毒片”的制备工艺。

课前：通过学习通平台下发自主学习任务，请同学们搜集我国第一个片剂的相关资料，并提示学生观看视频资料“卞俶成与隆顺榕”。

课中：在介绍片剂的制备工艺时，介绍银翘解毒片是我国第一个片剂，是“中华老字号”企业隆顺榕药庄在国家的扶持下生产出来的。播放视频“卞俶成与隆顺榕”。观看视频后，选择 1 名学生谈自己的感悟。老师进行总结，激发学生的爱国情怀，鼓励学生刻苦学习，努力钻研中医药优秀文化，推动我国中医药事业的发展。

（王　姣）

案例 9

紫杉醇新制剂的研发

【课程思政素材】

紫杉醇是从红豆杉中提取出的天然广谱抗癌药，能够抑制肿瘤细胞的有丝分裂，从而诱导肿瘤细胞凋亡，抗肿瘤效果好。

1992 年上市的泰素紫杉醇注射液是全球第一个上市的紫杉醇制剂，在市场上取得了巨大成功，但该药的混合溶媒使用了聚氧乙烯蓖麻油，易导致过敏反应，且该制剂用于人体后分布于全身，缺乏选择性，对机体的正常细胞也有损伤，从而引起化疗病人严重的不良反应。通过以上讲述，让学生思考怎样采用药剂学的方法来降低化疗药物的毒副作用，从而引出课堂内容。

2003 年 1 月紫杉醇脂质体（力扑素）获批在中国上市，力扑素是针对泰素紫杉醇注射液的临床缺陷而成功开发上市的全球第一个紫杉醇新型制剂，是我国具有完全独立自主知识产权的本土品牌。

【课程思政教学设计与实施】

本案例主要用于中药专业“中药制剂技术”课程中，在介绍“脂质体新型给药载体”知识点时，引入紫杉醇脂质体的案例。

课前：通过学习通平台下发自主学习任务，请同学们预习脂质体的概念、特点、制备技术及应用相关知识。

课中：以紫杉醇新制剂的研发引出脂质体新型给药载体。引导学生思考：脂质体作为一种新型药物载体，具有哪些功能特点？组成的材料和制备的方法有哪些？通过以上新药研发案例，引导学生思考：新制剂相比于传统制剂，优势在哪里？以具有我国自主知识产权药品的开发，激励学生奋发图强，刻苦学习，继承创新，为祖国未来的医药事业作出贡献。

（王　姣）

案例 10

北京同仁堂经营理念

【课程思政素材】

北京同仁堂创立于清康熙八年，其一直遵循“遵肘后，辨地产；炮制虽繁必不敢省人工，品味虽贵必不敢减物力”的信条，为同仁堂制药建立起严格的选方、用药、配比及工艺规范。所谓“肘后”，是指药学方书《肘后备急方》，“遵肘后”即强调制药必须遵循正统规范（今称《药典》）。“辨地产”是强调严格选择原料药材产地，适时获取优质药材，只有这样才能做出质量上乘、真正有效的中药。“修合无人见，存心有天知”也是历代同仁堂人恪守的信条。“修合”是一个有关中药采制过程的术语。修，指对未加工药材的炮制；合，指对药材的取舍、搭配与组合。这句话的意思是：在炮制药材和配制药品的过程中，旁人是无法见到的，药材是否保质、斤两是否足秤、配制是否符合规矩，虽然只有自己知道，但这一切上天都自有公论。

北京同仁堂是中医药行业的“中华老字号”，历经 350 年的风风雨雨依然充满勃勃生机，取得了令人瞩目的成就。不是因为它曾经“供奉御药”的特殊身份，也不是因为中华人民共和国成立后政府的保护与支持，而是因为它始终坚守原则，遵守古训，以诚信为本，坚持质量至上，做真正有效、造福百姓的中药，赢得了百姓的信任。

同仁堂的“济世养生”并不局限于中国，它拥有服务世界人民的医者之心，它不仅把质量上乘的中药送到国外，为更多人带去健康，也把传承几千年的优秀中医文化传播到全世界。如：新加坡禁止在药品中添加黄连和黄柏，同仁堂便研制出专门针对新加坡市场的大活络丹。另外，同仁堂积极培养海外本土化人才，并在2014年成立了“海外医师进修工作室”，进一步提升了同仁堂中医的临床研究与应用能力。

【课程思政教学设计与实施】

本案例主要用在中药学专业的“中药调剂技术”课程中，在介绍中药调剂的起源和发展过程时，融入北京同仁堂的发展及经营理念。

课前：通过学习通平台下发自主学习任务，请同学们以小组为单位，搜集北京同仁堂的发展历程及经营理念相关资料，制作成PPT或微视频，上传至学习通平台。

课中：在介绍明清时期中药调剂发展史的知识点时，随机请1~2组代表上台分享他们组在课前搜集的相关资料，然后请其他同学结合相关的信息，总结调剂岗位的要求和标准。最后教师进行总结，引导学生了解中医药文化的博大精深，塑造“敬业、守信、精益、创新”等工匠精神，引导学生树立正确的人生观和价值观。

（林平慧）

案例 11

安全责任意识，中药饮片调剂审方之审剂量

【课程思政素材】

案例分享：患者，崔某，男性，63岁，因咳嗽，痰多质清稀，气喘，舌淡胖，苔白腻，脉浮滑，于2007年11月5日就诊。

中医辨证，痰湿蕴肺，治宜燥湿健脾，化痰止咳。方用小青龙汤加减：麻黄9 g，桂枝9 g，细辛3 g，五味子10 g，法半夏9 g，川贝母10 g，紫苏子20 g，白芥子20 g，桔梗10 g，共五剂，水煎服，日一剂。患者于当日服药1次后2小时，出现四肢肌肉抽搐、幻觉、心烦、谵妄，6小时后住院治疗。体检：T36.4C，R20次/分，P124次/分，BP144/82 mmHg，患者神志昏迷，谵妄，四肢肌肉抽搐，颈软，双肺散在湿啰音，心律齐，心率124次/分，腱反射亢进，给予中流量吸氧，地西泮注射液10 mg静脉推注；葡萄糖酸钙2 g，加入50 ml 10%葡萄糖注射液中静脉滴注；维生素C 3 g加入500 ml 10%葡萄糖注射

液静脉滴注。1 小时后，患者神志清楚，四肢肌肉无抽搐。留观并给予抗炎，对症治疗 3 天，患者出院。出院续服中药，去法半夏，未见不良反应。

讨论：法半夏由半夏、甘草、石灰炮制而成，辛温有毒，归脾胃肺经。法半夏有燥湿化痰、降逆止呕、消痞散结的功效，为临床常用中药，含 β－固甾醇葡萄糖苷、β－固醇，微量挥油、皂甾、生物碱等。服用生半夏可导致舌咽和口腔麻木肿痛、流涎、张口困难等。法半夏常用剂量引起中毒，临床少见，但仍需注意。

【课程思政教学设计与实施】

本案例主要用在中药学专业的“中药调剂技术”课程中，在介绍“中药饮片调剂审方”时，融入服用半夏中毒案例。

课前：通过学习通平台下发自主学习任务，将同学们分为 4 个小组，搜集有毒中药中毒事件，制作成 PPT 或微视频，上传至学习通平台。同时，学习法半夏中毒案例，思考患者中毒的原因。

课中：在讲述“中药饮片调剂审方”时，随机请代表上台分享他们组在课前搜集的相关资料，然后请其他同学结合相关的信息，讨论本案例中失误的原因有哪些、如何规避用药风险。最后教师进行总结，激发学生的安全责任意识，了解审方的重要性，提高学生学习的积极性和主动性。要求学生把中国药典中收载的毒性中药的用法与用量牢记于心，激发学生的安全责任意识和对生命的敬畏之情，树立严谨、敬业的职业道德观，遵守生命至上的职业道德规范，养成严谨、负责的工作态度。

（林平慧）

案例 12

法律意识，特殊管理的中药

【课程思政素材】

请审核如下中药处方，思考如下问题：

（1）请指出处方中的错误并说明理由。

（2）处方中罂粟壳属于何类中药，该类中药以及处方应如何管理？

（3）罂粟壳对人体有哪些危害？

（4）现代新型毒品有哪些？如何防范？

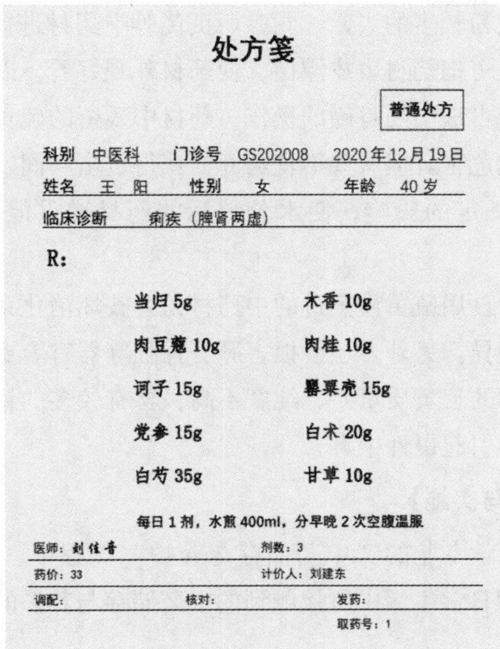

处方笺

普通处方

科别　中医科　　门诊号　GS202008　　2020年12月19日

姓名　王　阳　　性别　女　　年龄　40岁

临床诊断　痢疾（脾肾两虚）

R:

当归5g　　木香10g

肉豆蔻10g　　肉桂10g

诃子15g　　罂粟壳15g

党参15g　　白术20g

白芍35g　　甘草10g

每日1剂，水煎400ml，分早晚2次空腹温服

医师：刘佳音　　剂数：3

药价：33　　计价人：刘建东

调配：　　核对：　　发药：

取药号：1

【课程思政教学设计与实施】

本案例主要用在中药学专业的“中药调剂技术”课程中，在介绍特殊管理的中药时，融入素材内容。

课前：发布任务，要求学生搜集相关资料，各小组对处方及4个问题进行深入分析和讨论，并制作课堂PPT汇报材料。

课中：各小组选派一名学生进行汇报，并逐一陈述有关本处方的4个问题。教师引导学生对问题展开进一步讨论。通过本案例引导学生认识毒品违法犯罪活动的危害性，增强学生的法治观念，树立法律意识。

（林平慧）

案例13

硫黄熏蒸中药材，救命药变毒药

【课程思政素材】

在日常生活中，有些人会自购一些中药饮片用于食疗和保健。

硫黄为常用矿物药材，历代多个本草著述和《中国药典》均有收载，既可内服用于补火助阳通便，又可外用解毒杀虫疗疮。中药行业传统用硫黄熏蒸药材，一是可杀死或者抑制附在药材上的螨虫和虫卵，起防虫作用；二是可杀死或者抑制附在药材上的霉菌，起防霉、防腐作用，如对含淀粉较多的当归、党参、黄芪等中药材进行熏蒸，利于干燥，防止霉变，延长保质期；三是可把药材表皮漂白，使药材外观好看，以便卖个好价钱。

如果能严格按照传统古法中药打磺的操作，药材中残留的硫黄是很微量的，短期少量服用一般不会对人体造成危害。但有些不良药商为获得更多利润，滥用或过度使用硫黄熏蒸，使中药材质量受到一定的影响，使水分超标的药材增重但不霉变，已霉变的不易看出。

医学研究证实，过量食用硫黄熏蒸过的中药材，会破坏消化系统和呼吸系统，使这些器官的黏膜受损，导致变异。另外，还会损害肝、肾脏等器官。更严重的是，一些小作坊出于成本考虑，熏蒸药材的硫黄质量差、纯度不高，含有较多的铅、汞等重金属，如果食用量较大或长期食用，会引起慢性中毒。

【课程思政教学设计与实施】

本案例主要用在中药学专业的“中药储存与养护”课程中，在讲授“无污染药材对抗储存”时，结合同学们日常生活中所接触到的中药储存与养护的方法，介绍硫黄熏蒸药材的案例。

课前：通过学习通平台下发自主学习任务，将同学们分成小组，搜集身边中药储存与养护的例子，制作成 PPT 或微视频，上传至学习通平台。

课中：在介绍“无污染药材对抗储存”知识点时，随机请 1 ~ 2 组代表上台分享他们组在课前搜集的相关资料。教师进行总结，然后引入硫黄熏蒸药材的案例，培养学生的安全质量意识。引导同学们思考：在选购中药饮片时，如何识别中药是否被硫黄熏蒸过？

（林平慧）

案例 14

误将砒霜当作滑石粉出售

【课程思政素材】

2004 年，刘某感冒后到城区一大药店抓了两剂中药，当晚 9 点服用后，出现上吐下泻等不适反应，翌日上午 9 点经抢救无效身亡。接到报案后，警方迅速介入调查，经尸检鉴定，发现死者的血液、胃溶物、药渣及剩下的中药里均含有砒霜成分。警方推断，药店原盛装砒霜的容器、放置容器的位置可能还残存微量砒霜。在有关部门的支持下，对该药店装药的 8 个可疑抽屉及相关药材进行化验，最终在编号为“56 号”的抽屉中间一个隔挡底部发现了微量可疑粉末，经鉴定，确认其含有砒霜成分。经审讯查明，案发当日 17 点左右，受害者持中药处方到药店购药，因专职药剂师不在岗，由不具备从业资格的营业员临时帮助抓药，误将砒霜当作滑石粉出售，从而导致刘某死亡。

砒霜为剧毒中药，是最古老的毒物之一，化学成分为三氧化二砷，无臭无味，外观为白色霜状粉末，故称砒霜。口服砒霜5～50 mg即可中毒，60～100 mg即可致死。砒霜必须实行专库或专柜存放，双人双锁管理，双人验收，双人发货、复核，专用称量工具，专账记录，做到账物相符。

【课程思政教学设计与实施】

本案例主要用在中药学专业的“中药储存与养护”课程中，在介绍“毒性中药材储存与养护”时，融入误将砒霜当作滑石粉出售的案例。

课前：发布任务，要求学生自学，搜集毒性中药储存与养护的相关资料，并制作成PPT或微视频。

课中：各小组选派一名学生进行汇报，教师进行总结。适时融入案例后，对毒性中药的管理进行讲解，告诫同学们：一定要把毒性中药的管理相关规定牢记于心，避免安全事件的发生；一定要具备安全责任意识和严谨负责的工作态度。

（林平慧）

案例15

广西五一劳动奖章获得者苏婷婷

【课程思政素材】

苏婷婷，广西梧州制药（集团）股份有限公司科研质检中心质量审核员、工程师。自2004年大学毕业后，苏婷婷十五年如一日，细致地对待每一项工作，一丝不苟地拧紧药品质量把控的阀门。

2018年，苏婷婷参加第六届全区职工职业技能大赛质量检验员比赛，凭借过硬的技术本领荣获第一名，充分展现了“巾帼不让须眉”的风采。2019年，苏婷婷被授予广西五一劳动奖章和广西“技术能手”称号。

近3年来，苏婷婷累计复核记录报告书达6000多批次，发现错漏200多处。她总说：“药品的质量检验是个‘精细活’，关系到每一个患者的安危，每一次检验、每一个数据都容不得一丝马虎。作为一名质量检验员，拧紧药品质量把控的每一道阀门，我们责无旁贷。”

【课程思政教学设计与实施】

本案例主要用在药学专业的“中药制剂分析”课程中，在介绍“中药制剂定量分析”的知识点时，融入广西五一劳动奖章获得者苏婷婷的事迹。

课前：通过学习通平台下发自主学习任务，请同学们以小组为单位，搜集近几年优秀药品检验工作人员的事迹。请同学们结合案例写出自己的感触，制作成 PPT，上传至学习通平台。

课中：在介绍“中药制剂定量分析”的知识点时，随机请 1～2 组代表上台分享他们组在课前搜集的优秀药品检验工作人员的事迹。每组代表分享后给 1～2 分钟时间，请讲台下的其他同学发表他们在听小组代表分享后自己的感悟。最后教师进行总结，告诫学生用一丝不苟的精神对待药品检验的每一个细节，在今后的工作中，保证不合格的原材料不投产，不合格的产品不出厂。药品的质量检验是个“精细活”，关系到每一个患者的安危，每一次检验、每一个数据都容不得一丝马虎。

（李俊雅）

案例 16

但愿世间人无病，哪怕架上药生尘

【课程思政素材】

“但愿世间人无病，哪怕架上药生尘”是同治年间一位学者写给同仁堂十一世乐孟繁的一副对联，盛赞同仁堂济世养生的高尚医药道德与情怀。其字面意思是：即使摆在自家药架上的药卖不出去，蒙上一层尘土，也不愿意看到百姓生病，而自家生意兴隆。

同仁堂品牌始创于 1669 年（清康熙八年），自 1723 年（清雍正元年）为清宫供御药，历经八代皇帝长达 188 年，将“但愿世间人无病，哪怕架上药生尘”等古训内化为企业行为准则，奠定了同仁堂诚信文化的根基。目前，同仁堂实现了从“北京的同仁堂”“中国的同仁堂”向“世界的同仁堂”的跨越，已经在五大洲 28 个国家和地区设立经营服务终端，加快了中医药国际化的步伐。

【课程思政教学设计与实施】

本案例主要用在中药学专业的“药品营销技术”课程中，在介绍“药品营销市场特点”的知识点时，引入同仁堂的企业文化理念“但愿世间人无病，哪怕架上药生尘”。

课前：通过学习通平台下发自主学习任务，请同学们以小组为单位，搜集同仁堂的文化理念，将感触最深的内容制作成 PPT，上传至学习通平台。

课中：在介绍“药品营销市场特点”的知识点时，随机请 1～2 组代表上台分享他们组在课前搜集的同仁堂企业文化理念及感悟。每组代表分享后给 1～2 分钟时间，请讲台下的其他同学发表他们在听小组代表分享时自己的感悟。最后教师进行总结：药品营销要追求企业远景利益，而不是一时的药品营销利润，通过服务社会，发展自身，从而获得长远利益。

（尹爱武）

案例17

没有调查就没有发言权

【课程思政素材】

1930年5月，毛主席为了反对当时红军中存在的教条主义思想，专门写了《反对本本主义》一文。文中指出，根据我党现阶段面临的实际问题与困难，从思想上、工作方法上彻底清除“左倾”机会主义的影响是十分必要的。在文中，毛主席提出了“没有调查就没有发言权”的著名论断。毛主席认为，不做实际的调查，而开口闭口“拿本本来”的本本主义是要不得的，离开实际调查就要产生唯心的阶级估量和唯心的工作指导，其结果不是导致“机会主义”的滋生与蔓延，就是引发“盲动主义”的扩大化。

调查研究是从实际出发的中心一环，是尊重客观规律、发挥主观能动性的典型形式。调查研究既是“从物到感觉和思想”的唯物主义认识路线的具体体现，也是发挥人的主观能动性，把握客观规律的具体途径，因此是一切从实际出发的根本方法。

调查研究是贯彻实事求是思想路线的必然要求。习近平总书记指出，要了解客观实际，就必须深入群众、深入实践进行调查研究，把客观存在的事实搞清楚，把事物的内部和外部联系弄明白，从中找出能够解决问题、符合群众要求的办法来。没有调查就没有发言权，没有调查也没有决策权。

【课程思政教学设计与实施】

本案例主要用在中药学专业的“药品营销技术”课程中，在介绍“药品市场调查”项目模块时，引入毛主席“没有调查就没有发言权”的重要论断。

课前：通过学习通平台下发“药品市场调查”项目模块自主学习任务。请同学们以小组为单位预习课本内容；查阅文献了解“没有调查就没有发言权”提出的历史条件、核心思想，并写出对“没有调查就没有发言权”的理解；将预习的内容整理成PPT，上传至学习通平台。

课中：在介绍“药品市场调查”的项目模块时，随机请2组代表上台分享他们组整理的预习内容，以及毛主席“没有调查就没有发言权”这一重要论断提出的历史背景和对这一论断的理解，每组代表分享3分钟左右。小组分享后请讲台下的其他同学发表他们在听小组代表分享时自己的感悟。最后教师进行总结，引导学生尊重客观事实、树立实事求是的工作态度。

（尹爱武）

案例18

贩卖麻醉药品的处罚

【课程思政素材】

2016 年 7、8 月份，河南省辉县市一家医院的内科主任宋某，利用有权开具麻醉药品处方的工作便利，以住院病人名义开具麻醉药品处方及私自从内科护士办公室取出备用麻醉药品，先后 4 次（每次 2 支，每支 100 mg 规格）将 8 支哌替啶麻醉药品，以每支 100 元的价格出售给吸毒人员陈某使用。

法院认为，被告人宋某身为有权开具麻醉药品处方的医生，违反国家规定，以谋利为目的，多次向注射毒品人员提供麻醉品，其行为已触犯刑律，构成贩卖毒品罪，情节严重，应予惩处。河南省辉县市人民法院以贩卖毒品罪，判处被告人宋某有期徒刑三年，缓刑三年，并处罚金 10000 元。

【课程思政教学设计与实施】

本案例主要用在药学、中药学专业的“药事管理与法规”课程中，在介绍“特殊管理药品的管理”知识点时，融入贩卖麻醉药品的案例。

课前：通过学习通平台播放禁毒视频，引导学生树立正确的人生观，追求健康的生活情趣，识破毒品诱惑，坚决抵制毒品的侵蚀。要慎重交友，发现朋友吸毒要及时劝阻。要充分认识毒品的危害性，增强防毒意识。让学生分小组收集有关麻醉药品的资料并制作成 PPT。

课中：在介绍“特殊管理药品的管理”知识点时，随机请 2 ~ 3 组代表上台分享他们组在课前搜集的资料及他们的感悟。每组代表分享后给 1 ~ 2 分钟时间，请讲台下的其他同学发表他们在听小组代表分享时的感悟。最后教师进行总结，通过介绍毒品、特殊管理药品、易制毒药品的管理知识和法律责任，增强学生的防范意识，同时倡导学生知法守法，养成良好的行为习惯，弘扬社会主义核心价值观。

（李　君）

第九章　康复治疗技术篇

案例 1

神经肌肉电刺激疗法的起源和历史

【课程思政素材】

古希腊渔夫们在捕鱼过程中，有时被脊背上放电的鱼击伤，原本患有关节疼痛的渔夫，被鱼电击后，关节疼痛获得好转或痊愈，于是古希腊渔夫们就常用这种放电鱼治疗关节痛。

当人们掌握了电能之后，经过实验研究，利用静电、电流、电压、电脉冲、无线电磁波，也可治疗疾病，便形成了当今门类可观的临床电疗学。有些电疗法并不是医生发明的，而是工程技术人员首先发现的，如静电疗法就是工程师在实验过程中，发现静电场会对人体产生一定的影响，如使人精神萎靡、嗜睡、乏力等，后来人们将它用于医疗，治疗自主神经功能失调和失眠症，取得了临床疗效。

【课程思政教学设计与实施】

本案例讲述神经肌肉电刺激疗法的起源和历史，激发学生的学习兴趣。引导学生树立正确的价值观，增强责任感和使命感。

课前：通过学习通平台下发自主学习任务，请同学们以小组为单位，去社区医院体验神经肌肉电刺激疗法并观察治疗师的操作，撰写心得体会。

课中：播放痉挛肌患者的视频，引导学生思考电刺激对失神经肌肉以及痉挛肌的治疗作用。随机请 2 ~3 组代表上台分享他们对神经肌肉电刺激疗法的感悟。每组代表分享后给 1 ~2 分钟时间，请讲台下的其他同学发表他们在听小组代表分享时的感悟，培养学生的创新能力。

（魏丽超）

案例 2

光疗法的发展简史

【课程思政素材】

光疗法是利用光线的辐射能来治疗疾病的方法，包括可见光、红外线、紫外线及激光疗法。

光疗法始于日光疗法，早在公元 2 世纪就有了日光疗法的记载。人工光源的光疗法始于 18 世纪末至 19 世纪中。可见光、红外线、紫外线、激光疗法相继发明，随后在临床治疗的各领域中得到广泛应用和不断发展，并逐渐出现了紫外线穴位照射疗法、紫外线光敏疗法、紫外线照射充氧自血回输疗法、激光血管内照射疗法等，取得可喜的临床疗效。随着科学技术的发展和医疗水平的不断提高，光疗将在医疗、保健事业中发挥出更大的作用。

【课程思政教学设计与实施】

通过讲述光疗法的发展简史，激发学生的学习兴趣；通过介绍我国医学工作者在光疗法领域近几十年的探索与研究，引导学生学习他们执着的科学精神与赤忱的爱国情怀。

课前：通过学习通平台下发自主学习任务，请同学们针对最为常用的红外线、紫外线以及激光疗法，查阅相关资料明确其临床适应证以及注意事项。

课中：介绍光疗法的作用、特点，引导学生比较光疗法与其他疗法，总结出光疗法的主要治疗作用，从而加强对光疗法的掌握，加强学生的职业认同感。

（魏丽超）

案例 3

致广大而尽精微

【课程思政素材】

君子尊德性而道问学，致广大而尽精微，极高明而道中庸。温故而知新，敦厚以崇礼。

——《礼记·中庸》

【课程思政教学设计与实施】

本案例用在“言语治疗技术”课程的绪论教学中。

课前：通过学习通平台发布学习任务，请同学们查阅文献，理解“君子尊德性而道问学，致广大而尽精微，极高明而道中庸。温故而知新，敦厚以崇礼”的内涵。

课中：用哲学专著的片段导入教学内容。为了能更好地为患者负责，应该不停地去探索医学知识，在学习过程中要温故知新，在给患者进行诊断和治疗的过程中，一定要钻研精微之处，才能更好地为患者解决问题。

（刘小娟）

案例 4

食物误吸至呼吸困难

【课程思政素材】

案例 1：白某某，男，93 岁，因脑梗死入院。患者平卧位进食馒头，当时吞咽困难，家属予水送服，之后出现呛咳，面色发绀，呼吸逐渐减弱，家属报告医务人员，检查后考虑馒头阻塞气道引起窒息，立即予气管插管夹出馒头。

案例 2：杨某某，男，67 岁，因脑梗死入院。患者半卧位进食米饭，出现呛咳，且家属喂食过快，患者口腔内残留食物过多，突然出现呼吸困难，意识丧失，考虑食物吸入气道引起窒息，立即用吸引器吸出食物。

案例 3：梁某某，男，58 岁，因胸闷、气喘入院，诊断支气管哮喘。患者坐位进食米饭及瘦肉汤，突然出现呼吸困难，意识丧失，考虑食物吸入气道引起窒息，立即用吸引器吸引及气管插管。

案例 4：刘某某，女，36 岁，因呼吸困难入院，诊断支气管哮喘。患者自行进食后出现咳嗽，之后出现呼吸困难加重，面色发绀，予输氧等治疗，症状无缓解，意识逐渐丧失，呼吸减弱，考虑食物吸入气道引起窒息，予气管插管，夹出条形青菜及米饭。

【课程思政教学设计与实施】

本案例用在“吞咽功能障碍的摄食评估”的教学中。

课前：通过学习通平台将 4 个案例发给同学们，要求同学们在学习通平台回答如下问题：这几个患者的共同表现是什么？如处理不及时，会带来什么后果？如何才能避免这些问题的出现？

课中：分析 4 个案例。（1）4 个患者都出现了食物误吸。误吸会带来严重的后果，轻则引起呛咳，重则窒息死亡。作为医务工作者，医患沟通和对患者的健康教育非常重要。（2）存在误吸或有误吸风险的患者，在自主进食之前一定要经过严格的筛查和评估，判断患者是否具备进食的能力。作为言语治疗师，一定要规范操作每一个评估过程，确保患者进食安全。患者必须经过严谨且有效的治疗后方可进食。言语治疗师在对吞咽障碍患者进行评估和治疗的过程中，一定要严谨细致、精益求精。

（刘小娟）

案例5

运动平板测验发明者肯尼斯·库珀

【课程思政素材】

你应该知道有氧运动吧？你或许听说过运动平板测验吧？这些都与一个人的名字离不开，那就是美国的运动生理学家肯尼斯·库珀。

1956 年，库珀毕业于俄克拉荷马大学，获得医学学位，1957 年参军，在美国陆军和空军服役 13 年。参加工作一段时间后，由于工作紧张，库珀中断了以往的体育锻炼，体重也随之飙升，从 77 公斤猛增至 92 公斤，虽然时常感到疲劳，但他并没有放在心上，直到有一次他与家人周末出游，突然感觉恶心与眩晕，并且差点昏厥。事后，在医生的指点下，库珀深刻检讨了自己的问题：缺乏运动、体重失控以及精神压力。在这次个人的健康危机之后，库珀花了两年时间研究缺乏运动对身体健康的影响。后来，他得到了老一辈运动生理专家泊克的帮助，改变了生活方式，合理饮食，他的体重从 95 公斤降到 77 公斤，体脂也从 30% 降到了 14% 。

20 世纪 60 年代，库珀发明了著名的“12 分钟有氧跑”的 1. 5 英里体能测试，预测一个人的有氧能力，以及一套进行有氧运动锻炼的评分系统，来预测空军和宇航员的最大吸氧量，然后按照每个人的最大吸氧量水平制定相应的训练计划，这项发明在美国获得了巨大的成功。自 20 世纪 90 年代起，这套有氧能力测验和评价体系也被国际足联广泛采用。

【课程思政教学设计与实施】

本案例主要用在康复治疗技术专业的“运动学”课程中，在介绍“有氧运动和有氧训练”的知识点时，融入运动平板测验发明者肯尼斯·库珀的生平简介及人生贡献。

课前：通过学习通平台下发自主学习任务，请同学们以小组为单位，搜集运动平板测验发明者肯尼斯·库珀发明运动平板测验的有关资料，总结并上传至学习通平台。

课中：在介绍“有氧运动和有氧训练”的知识点时，分享库珀的事迹，倡导学生学会运用批判性思维方式分析和处理学习、生活和工作中的问题，形成一定的临床思维和解决问题的能力。

（谭劲轩）

案例 6

现代解剖学之父安德烈·维萨里

【课程思政素材】

从公元4世纪到公元16世纪，解剖学都是依据古罗马医生盖伦提出的理论。由于盖伦解剖的全是动物的尸体，导致盖伦的解剖理论并不全部适用于人类。因为受到所处时代的限制，他“医学教皇”的地位一直没有被撼动，影响西方医学界1000多年，直到16世纪的比利时医生安德烈·维萨里的出现。

1514年，安德烈·维萨里出生在比利时的一个医学世家。维萨里的青年时代，正处于欧洲文艺复兴时期。1533年，19岁的维萨里在巴黎大学读书时，他看到老师上课依然是用的“错误”的解剖学教材，医学院的课本知识还是1000年前的内容，实验课使用的解剖材料也是猴子、狗、兔子一类的动物尸体，并且学生没有机会亲自动手操作。维萨里决心改变这种现象，纠正盖伦解剖学中的错误观点。

1543年，他对一位刚处决的罪犯进行了解剖。他把所有骨骼组合成骨骼系统标本捐给巴塞尔大学，这成了维萨里唯一留存至今的标本，同时也是世界上最古老的解剖学标本，直到今天仍在巴塞尔大学的解剖学博物馆中展出。同年，年仅29岁的维萨里完成了人类史上第一部科学的解剖学巨著《人体结构》。这本书的发表推翻了盖伦立足于动物尸体解剖的学说。

维萨里撰写的《人体结构》让人类身体的各个器官在人类历史上第一次非常精准地展现出来。全世界的医学院、图书馆为之倾倒，这时人们终于认识到解剖学的重要性，只是当它在全世界发展时，也背上了种种罪名。

1544年，维萨里来到西班牙成了一名御医，从此安宁地度过了20年，可是没有机会继续深入研究解剖学，而且教会也仍然不肯放过他。1564年的一天，他为西班牙的一位贵族做验尸解剖，监视官诬陷维萨里是用活人解剖，因为剖开胸腔时对方心脏还在跳动，于是趁机将维萨里上诉到宗教裁判所，维萨里被判了死罪。最后，国王菲利普出面干预，改判其前往耶路撒冷朝圣，但是在回西班牙的航途中，船只遇难，50岁的维萨里不幸丧生。

【课程思政教学设计与实施】

本案例主要用在康复治疗技术专业的“运动学”课程中，在进行运动学概述的教学时，融入现代解剖学之父安德烈·维萨里的生平简介及人生贡献。

课前：通过学习通平台下发自主学习任务，请同学们以小组为单位，搜集安德烈·维萨里在解剖学中的贡献，制作成PPT，上传至学习通平台。

课中：随机请1～2组代表上台分享他们组在课前搜集的安德烈·维萨里在解剖学中

的贡献。每组代表分享后给 1 ~2 分钟时间，请讲台下的其他同学发表他们在听小组代表分享后自己的感悟。最后教师进行总结，引导学生学会运用批判性思维方式分析和处理学习、生活和工作中问题，树立不断学习、不断完善自我的意识，形成一定的临床思维和解决问题的能力。

（谭劲轩）

案例 7

全民健身指南

【课程思政素材】

《全民健身指南》（以下简称《指南》）于 2018 年 7 月 17 日发布。《指南》以中国居民参加健身活动的大数据为支撑，由我国国民体质监测工作者和全民健身研究专家共同研制而成，是国家体育总局发布的首部全民健身指南。

据《指南》主编、国家体育总局体育文化发展中心主任田野介绍，《指南》系统总结、归纳了我国 15 年全民健身的科学研究成果。田野表示："《指南》中的运动能力测试与评价、体育健身活动方案的主要内容均来自中国人的实测数据，符合我国居民的体育活动状况和健身效果特征，并得到实验数据验证。"

此外，《指南》中包括不同体育活动方式的健身效果、运动能力测试与评价方法、体育健身活动原则、体育活动方案要素、一次体育健身活动内容与安排、不同阶段体育健身活动方案等内容。田野表示："《指南》不仅回答了为什么练的问题，而且回答了大众百姓十分关注的练什么和怎样练的关键问题。"

《指南》既涵盖了青少年、成年人、老年人等不同年龄健康人群的运动健身指南，又有针对高血压、糖尿病、超重和肥胖、高血脂、骨质疏松等不同慢病人群的运动处方。

【课程思政教学设计与实施】

本案例主要用在康复治疗技术专业的"运动学"课程中，在介绍运动对机体的影响过程时，融入《全民健身指南》。

课前：通过学习通平台下发自主学习任务，请同学们以小组为单位，搜集《全民健身指南》文件，并制作成 PPT，上传至学习通平台。

课中：随机请 1 ~2 组代表上台分享他们对《全民健身指南》文件的理解，引导学生养成运动的好习惯，以健康的身体投入医疗事业。

（谭劲轩）

案例8

中医学发展成就

【课程思政素材】

中医学有数千年的悠久历史，是中华民族在长期的医疗实践和生活实践中积累而成的独特医学理论体系。它根植于中华文化的土壤，吸收了同时代的科技文化成果。中国医学家在医学领域所做的贡献数不胜数。春秋战国时期，中医康复已经产生。秦汉时期《黄帝内经》就记载了“治未病”的康复预防观。东汉名医华佗创“五禽戏”，运用麻沸散给病人剔骨疗伤，比西医发明麻醉药早3000多年。唐代孙思邈所著《千金要方》提到手法整复等。

【课程思政教学设计与实施】

本案例主要用于康复治疗技术专业的“中医康复学”课程中，以历史发展为轴，展现中医取得的巨大成就，以增强学生的民族认同感和自信心。

课前：发布学习任务，请同学们以小组为单位，搜集中医康复发展简史资料，并制作成PPT，上传至学习通平台。

课中：在介绍“中医康复学发展史”时，随机请1~2组代表上台分享他们组在课前搜集的中医康复发展简史资料，每组代表分享后给1~2分钟时间，请讲台下的其他同学发表他们在听小组代表分享后自己的感悟。最后教师进行总结，增强学生的民族认同感和自信心。同时，通过历朝历代的大医家和医学巨著的介绍，激发学生努力学习、报效祖国的家国情怀。

（张 文）

案例9

人文关怀与医生的医技水平同等重要

【课程思政素材】

实现全民健康已被提上国家战略层面。每一位医生都应心怀天下，具有强烈的忧国忧民的社会责任感，以服务健康为己任。中医问诊是收集诊断依据的基本手段，亦是医生的必备技能。在问诊过程中，由于医生与患者接触较多，患者会初步判断医生的诊疗水平，也会察觉到医生的工作态度，以及对自己是否尊重及关心。患者的主观判断，常常决定患者的依从性，从而影响疗效。因此，人文关怀与医生的医技水平同等重要。人文关怀思想教育应融入中医问诊教学的全过程。

【课程思政教学设计与实施】

本案例主要用于康复治疗技术专业的“中医康复学”课程中，在问诊教学时告诫学生，扎实的理论基础和过硬的医技水平，是每一位医学生都应追崇的目标。

课前：采用翻转课堂教学法。老师提前在学习通平台上传教学片、课件等资源，并设计预习提纲，设置问题，以问题为导向指导学生预习相关内容，查阅资料，小组讨论，写出自己的感想，做成 PPT。

课中：请各组代表在课堂上向大家展示课前做的课件，并分别讲解问寒热、问汗、问疼痛、问头身胸腹、问睡眠、问饮食口味、问二便的内容。老师进行点评，组间互评。最后老师总结强调，问诊时语言要亲和，表情自然，切忌用悲观、惊讶的语言和表情。

（张　文）

案例 10

针刺操作时须保护患者

【课程思政素材】

中医是优秀的传统文化，在千百年历史长河中为中华民族的健康做出了伟大贡献，而针灸学是中医学中的瑰宝，是中医学的重要组成部分。针灸学的发展历史也是中国人民不屈不挠战胜疾病的奋斗史。针刺疗法的实践性较强，过硬的专业知识素养非常重要，而优秀的逻辑思维能力、医患沟通能力、处置突发事件的能力也是不可或缺的。近几年来，医患矛盾激化事件时有发生。一方面，我们呼吁国家尽快立法，有针对性地处理医患纠纷；另一方面，医务人员也要不断提高业务能力，提高沟通与协调能力，尽量避免出现纠纷。

【课程思政教学设计与实施】

本案例主要用于康复治疗技术专业的“中医康复学”课程中，在“毫针刺法的操作实训与考评内容”中融入本教学案例，提高医学生的职业胜任力和职业认同感。

课前：在学习通平台发布学习任务，让同学们查阅针灸学发展简史资料，并制作成 PPT 上传到学习通平台。

课中：随机请 1 ~2 组代表上台分享他们组在课前搜集的针灸学发展简史资料。每组代表分享后给 1 ~2 分钟时间，请讲台下的其他同学发表他们在听小组代表分享后自己的感悟。实训操作时，要保护患者隐私部位，操作前需温暖双手，穴位按揉以患者耐受为度，针刺操作时注意观察患者面部表情及肢体动作等。采用病人舒适、耐久和医者便于操作的体位。出针后检查针数，防止遗漏。出针后让病人休息片刻，再行活动。告诫学生在任何操作时须以保护患者为首要前提，谨守安全操作流程。对接医院广泛开展6S管理，培养学生按照“清洁、清理、整理、整顿、安全、素养”6S管理要求，规范整理刺灸操作过程中所使用的点穴笔、毫针、乙醇、棉签等实训物品，清洁实训室，养成良好的职业习惯。

（张　文）

案例 11

作业治疗中的团队协作

【课程思政素材】

韦伯斯特格言——人们在一起可以做出单独一个人所不能做出的事业；智慧、双手、力量结合在一起，几乎是万能的。

【课程思政教学设计与实施】

本案例主要用在康复治疗技术专业的“作业治疗技术”课程中，通过讲解康复工作的方式，介绍作业治疗中的人员组成和职责，培养学生的团队协作精神，加强学生的人际沟通能力。

课前：通过学习通平台下发自主学习任务，请同学们以小组为单位，搜集有关团队合作的资料，写出体会，上传至学习通平台。

课中：（1）教师提问：康复治疗团队由哪些人员组成？什么是学科间合作、学科内合作？（2）通过临床案例，学生分组讨论有哪些领域的医生参与了脑梗死的治疗，从患者角度思考团队治疗的意义和优势。（3）通过总结，引出团队协作在康复治疗中的重要性。进一步让学生体会到疾病康复过程中，需要增强团队凝聚力。身为治疗师则需要努力做好每项常规治疗工作，用积极、乐观的心态对待治疗过程中的各种挫折和困难。

（吴亚蒙）

案例 12

为功能障碍重新赋能

【课程思政素材】

《中华人民共和国残疾人保障法》第十四条规定：每年五月第三个星期日，为全国助残日。

体操运动员桑兰，在第四届美国友好运动会的一次跳马练习中不慎受伤，造成颈椎骨折，胸部以下高位截瘫，但她却以顽强的意志和乐观的态度与伤残作斗争，成为 2008 年北京申奥大使，又于 2008 年在北京奥运官方网站担当特约记者。桑兰也是我国首例成功剖宫分娩的颈部脊髓高位横断患者。她为高位截瘫患者带来生活的新希望，她的康复经历与康复效果也鼓励了许多的患者以及康复工作人员。

【课程思政教学设计与实施】

本案例主要用在康复治疗技术专业的“作业治疗技术”课程中，在讲解“日常生活活动训练”时，融入本案例。

课前：通过学习通平台下发自主学习任务，请同学们以小组为单位，搜集体操运动员桑兰的资料，写出体会，上传至学习通平台。

课中：(1) 提出问题：全国助残日是哪一天？如何助残？导入障碍的概念。(2) 创设情境，角色模拟，开展残疾功能障碍的体验实践，走近残疾人。体验上肢肢残者，让学生体验单手穿衣、吃饭、刷牙、拧毛巾的不便。体验下肢肢残者，让学生体验单腿走路，单腿上下楼梯，单腿起立、坐下的不便。(3) 在学习通平台提交体验感想。通过对不同残疾障碍的体验，引出功能障碍和活动障碍的关联和差别，培养学生尊重、关爱残疾人的医学人文精神。(3) 通过体验，分组讨论功能障碍和活动障碍对生活自理的影响，培养学生独立思考的习惯和批判性思维能力，引导学生始终把尊重患者、恢复作业活动、重返家庭社会放在治疗设计的核心位置。

（吴亚蒙）

第十章　医疗器械篇

案例 1

影像先驱们的奉献

【课程思政素材】

在发现 X 射线的故乡——德国汉堡圣乔治医院里矗立着一座 1936 年建立的 X 射线纪念碑，碑上铭刻着 350 个名字，他们都是 20 世纪初期最优秀的科学家和医生。由于当时不了解 X 射线的生物效应，医生无防护频繁地接触 X 射线，导致很多医生的手臂得了癌症，不得不截肢，即使截肢后，仍然难以逃脱死亡的结局，所以这批最早 X 射线的研究者几乎全军覆没，都罹患癌症去世。都说，X 射线是为生命摄影，但是影像先驱们，却是拿着生命在摄影。在德国伦琴博物馆里面还有一件特殊的展品，就是一位医生截下来的一只手。他用这只截下来的手向后人警示：不经防护和不考虑照射剂量地使用 X 射线，只会给医生和患者带来灾难。在发现 X 射线 33 年后，影像研究科学家制定出了 X 射线的操作规定并在国际放射学大会上颁布，悲剧才就此终结。

影像先驱们以自己的生命和健康为代价，终于明白 X 射线的生物效应。他们牺牲自己，挽救了更多患者的生命，同时推动了后来 X 射线检查环境的完善，从而保护了患者和公众的安全与健康。

【课程思政教学设计与实施】

本案例主要用在医学影像技术专业的“X 射线检查技术”课程中，在介绍“X 射线生物效应”时，融入影像先驱们在探索使用 X 射线的过程中，以自己的生命和健康为代价换来对 X 射线的认识的案例。

课前：通过学习通平台发布《手术两百年》选段视频，请同学们截取视频中最有感触的展品或照片，分享自己的感悟，上传至学习通平台。

课中：在介绍“X 射线生物效应”的知识点时，随机请 3 位同学上台展示他们在课前所截取的最有感触的展品和照片以及他们的感悟。每位同学分享后给 1 ~ 2 分钟时间，请讲台下的其他同学补充发表他们的感触。最后教师进行总结：这些影像先驱们付出惨痛代价换来了患者和公众的健康安全。倡导学生学习他们甘于奉献、勇于担当的崇高精神。

（龙 娟）

案例 2

免费胸片筛查遏制肺结核传播

【课程思政素材】

健康是社会文明进步的基础，是广大人民群众的共同追求，而传染病始终是人民健康的重大威胁，其中结核病就是严重危害人民群众健康的重大传染病之一。结核病是由结核分枝杆菌感染引起的慢性传染病，结核分枝杆菌可侵入全身各种器官，但主要侵犯肺脏，通过拍摄一张胸部正位 X 线片，医生可以看到肺里病变的部位、范围和性质，最终诊断出肺结核。结核病又称为“痨病”和“白色瘟疫”，在中华人民共和国成立之前曾有“十痨九死”之说，全国每年有数百万人死于结核病，是当时我国因病致死最多的病种。中华人民共和国成立以来，党和政府高度重视公共卫生体系建设。党的十八大以来，党中央明确了新时代党的卫生健康工作方针，继续强调结核病以预防为主，指导加快公共卫生和应急体系建设。习近平总书记强调，构建强大的公共卫生体系是预防控制传染病、维护国民健康的有力武器。各地区、各有关部门认真贯彻党中央、国务院决策部署，坚持以人民健康为中心，坚决落实结核病各项防控措施，积极推行肺结核患者管理新模式。在结核病定点医院，对初诊的疑似肺结核患者进行免费胸部 X 线检查；为糖尿病患者、65 岁及以上老年人、入学新生、阳性患者的密切接触者等人群提供免费肺结核筛查，力求让肺结核患者得到更多实惠。肺结核防治工作在我国取得显著进展。

【课程思政教学设计与实施】

本案例主要用在医学影像技术专业的“X 线检查技术”课程中，在介绍“肺部 X 线检查临床适应证”知识点时，引入国家免费进行胸部 X 线检查来筛查肺结核这一政策，讲述肺结核是胸部正侧位检查的临床适应证之一。同时，向学生传递健康理念，感受中国共产党领导的优越性，以及中国构建强大的公共卫生体系、全面提升传染病防控和救治能力的决心，党和国家始终把人民的生命安全和身体健康摆在首位。

课前：通过学习通平台下发自主学习任务，搜集我国应对结核病或其他传染病的相关政策，对比国外的政策发表自己的看法，上传至学习通平台。

课中：在介绍“肺部 X 线检查临床适应证”知识点时，随机请 2 名同学分享国内和国外应对结核病或其他传染病的相关政策，其他同学发表自己的感悟。最后教师进行总结，让同学们感受中国共产党领导的优越性，以及中国构建强大的公共卫生体系的决心，党和国家始终把人民的生命安全和身体健康摆在首位。

（龙　娟）

案例 3

放射科医生侵犯隐私案

【课程思政素材】

一名 24 岁女性患者到某医院就医。在进行胸部 X 线检查时，医院放射科一男技师将这位患者叫到 X 线检查室后，对她说："快把衣服脱了。"该患者脱掉牛仔外衣，该技师又大声喊："把衣服脱光。"该患者脱去紧身内衣只剩下胸罩，男技师不耐烦地再次喊道："快脱，全脱。"该患者以前没拍过 X 线片，不知道到底怎么检查，紧张得脑子都蒙了，只能机械地脱下胸罩。检查完毕后，她得知拍 X 线片不用脱光衣服，她感到自己的隐私和尊严被严重侵犯，后以侵犯隐私权和知情权，将该名检查技师和医院告上法庭，并索赔精神损失费等各种费用 20000 元。

对患者隐私的保护不但在《民法通则》《侵权责任法》等民事法律中有相应的规定，在医疗相关法律法规中也作了专门规定，如规定"保护患者隐私是医务人员应履行的义务"。

医疗是特殊的服务，关爱患者、尊重患者与减轻患者病痛同等重要。保护患者隐私、尊重患者权利、给予患者人性化关怀，应当成为医院必须谨守的基本准则，成为医疗从业人员必须遵守的基本职业伦理。

【课程思政教学设计与实施】

本案例主要用在医学影像技术专业的"X 线检查技术"课程中，在介绍"胸部 X 线检查前准备工作"知识点时，通过引入真实临床案例，介绍相关法律法规条例，增强尊重患者、维护患者隐私权的意识，同时帮助学生树立人文关怀的理念。

课前：通过学习通平台发布临床案例。请同学们讨论：本事件中该放射技师是否应该承担法律责任？

课中：在介绍"胸部 X 线检查前准备工作"知识点时，请 2 个小组的同学就本事件中该放射技师是否应该承担法律责任分别以正反方进行辩论。让学生们感受到放射技师得到一张优质的 X 线片以帮助疾病的诊断固然重要，但关爱患者、尊重患者与减轻患者病痛同等重要。通过这一案例，让同学们深刻认识到保护患者隐私是医务人员始终应履行的义务。

（龙　娟）

案例 4

我国首台具有完全自主知识产权的大型医疗器械——海扶刀

【课程思政素材】

1999 年，我国研制出首台具有完全自主知识产权的大型医疗器械——海扶刀。它是利用高强度聚焦超声技术，将体外超声波聚焦于体内病变组织（治疗靶点），通过超声的机械效应、热效应和空化效应达到治疗疾病的目的。其作用方式与太阳光经放大镜聚焦后引起放置于焦点处的纸片燃烧的原理相似。聚焦超声在其所穿过的非治疗部位的能量不足以对组织造成损伤；而在其聚焦点，可以瞬间产生高能量，使病灶（以蛋白质为主）形成凝固性坏死，就像鸡蛋被煮熟了一样。同时，通过超声的空化效应使组织间液和细胞间液在超声波正、负压相作用下形成气泡，并随之收缩和膨胀，以致最终爆破，所产生的能量导致细胞损伤、坏死。

近年来，聚焦超声治疗技术已经在世界范围内广泛传播，海扶刀已出口到英国、德国、韩国、新加坡等 25 个国家，治疗肝脏肿瘤、骨肿瘤、乳腺肿瘤、子宫肌瘤、软组织肿瘤等实体肿瘤患者近 10 万例。

【课程思政教学设计与实施】

本案例应用于医学影像技术专业的“超声检查与诊断技术”课程中，在介绍“中国超声发展史”的知识点时，融入我国首台具有完全自主知识产权的大型医疗器械——海扶刀。

课前：通过学习通平台下发自主学习任务，请同学们以小组为单位，搜集海扶刀的发展历程、应用范围与优势的相关资料，并上传至学习通平台。

课中：在介绍“中国超声发展史”的知识点时，融入我国首台具有完全自主知识产权的大型医疗器械——海扶刀，并介绍海扶刀的世界地位与出口现状。请同学以小组为单位发言，汇报对海扶刀案例的体会。教师总结，引导学生对我国超声医疗事业发展产生自豪感与认同感，并倡导学生综合运用已有的知识、信息、技能进行发明创造和改革创新。

（高苗苗）

案例5

超声之父王新房

【课程思政素材】

在中国超声界，王新房以身试验被广为传颂。1987年1月，世界首例双氧水造影心脏超声检查在武汉协和医院超声检查室实施，而被检查者正是其发明人王新房。王新房平静地躺在检查床上，双氧水缓缓注入他的血管，这是双氧水首次通过注射进入人体，极有可能对心脏、大脑等产生气体栓塞，危及生命。也正是这次亲身试验让“双氧水心脏声学造影法”诞生了，这一方法填补了国际对心脏进行准确超声造影的空白，被迅速运用于临床。

毕生奉献给医学的王新房先后3次获得国家科技进步奖，14次获得国家部委、省各级奖励。1979年，王新房被授予“全国劳动模范”称号。1988年，卫生部授予他“有突出贡献的中青年专家”称号。世界超声医学生物联合会和美国超声医学会同年称赞王新房为“超声医学历史先驱者”，国际心血管超声协会更授予他业内最高荣誉“现代超声心动图之父”的称号。2012年，王新房成为国内首位美国超声心动图学会荣誉会员，学会主席詹姆斯·托玛斯盛赞其为“中国的菲更鲍姆”。

【课程思政教学设计与实施】

本案例应用于医学影像技术专业的“超声检查与诊断技术”课程中，在介绍心脏超声检查与诊断技术的知识点“心脏超声造影检查”时，融入中国超声之父王新房亲身试药发明“双氧水心脏声学造影法”的事迹及他的成就。

课前：通过学习通平台下发自主学习任务，请同学们观看“大医精诚70年”王新房个人访谈视频，并且写出观后感，上传至学习通平台。

课中：在介绍“心脏超声造影检查”的知识点时，引入中国超声之父王新房以身试验“双氧水心脏声学造影法”的案例，请学生结合课前观看的视频分享自己的感想，最后教师进行总结，倡导学生要有干一行、爱一行、专一行、精一行，务实肯干、坚持不懈的敬业精神和对医学事业全身心付出的奉献精神。

（高苗苗）

案例 6

禁止非医学需要胎儿性别鉴定的相关法律法规

【课程思政素材】

《禁止非医学需要的胎儿性别鉴定和选择性别人工终止妊娠的规定》第三条规定，禁止任何单位或者个人实施非医学需要的胎儿性别鉴定和选择性别人工终止妊娠。

《人口与计划生育法》第三十六条规定，利用超声技术和其他技术手段为他人进行非医学需要的胎儿性别鉴定，由计划生育行政部门或者卫生行政部门依据职权责令改正，给予警告，没收违法所得；违法所得一万元以上的，处违法所得二倍以上六倍以下的罚款；没有违法所得或者违法所得不足一万元的，处一万元以上三万元以下的罚款；情节严重的，由原发证机关吊销执业证书；构成犯罪的，依法追究刑事责任。

福建省长汀县一青年女子曾某为了一己私利，置法律于不顾，为他人非法鉴定胎儿性别。2014 年 11 月 17 日，福建省长汀县法院以非法行医罪，判处被告人曾某有期徒刑六个月，缓刑一年，并处罚金 10000 元。

【课程思政教学设计与实施】

本案例应用于医学影像技术专业的“超声检查与诊断技术”课程中，在介绍妇产科超声检查技术的“产前超声检查”知识点时，融入禁止非医学需要胎儿性别鉴定的相关法律法规。

课前：通过学习通平台下发自主学习任务，请同学们搜集有关非医学需要胎儿性别鉴定的真实案例与处罚，并写出自己的看法，上传至学习通平台。

课中：在介绍妇产科超声检查技术的“产前超声检查”知识点时，融入禁止非医学需要胎儿性别鉴定的相关法律法规，让学生分组汇报自己所收集的违反了相应法律法规的处罚案例，并发表对这种违法行为的看法。教师总结，倡导学生了解并遵守卫生医疗法律法规。

（高苗苗）

案例 7

靠着墙角睡着的放射科医生张锐

【课程思政素材】

2020 年 2 月 14 日上午 10 时，四川省成都市温江区人民医院放射科群里出现了一张穿着严密防护服的医生靠着墙角睡着的照片，照片中的医生是四川省成都市温江区人民医院放射科医生张锐，照片由同事拍摄。

根据工作安排，放射科医生分为两班倒，隔天休息。张锐 2 月 13 日已经连续上了一个 8 小时正班，但因为新院区启用，张锐主动提出让同事先回家多休息几个小时，主动揽下了 2 月 13 日晚上的班次。由于疫情防控需要，每次从老院区转运患者做检查，救护车需往返 12 公里的路程，每转运、检查一个患者都必须对设备、救护车严格消毒，再进行下一个患者的检查。张锐往返的运输通道和检查室属于半污染区、污染区，需要在严格的三级防护下，协助患者摆好检查体位。在这种工作模式下，张锐共完成了 26 个患者的 CT 扫描。2 月 14 日上午 10 时，在等待患者转运的间隙，正在和同事聊天的张锐靠在墙角睡着了。同事建议张锐换班，让张锐替换到清洁区暂时放松一下，但张锐说了声“没事”，又继续起来工作。

【课程思政教学设计与实施】

本案例主要用在医学影像技术专业的“CT 检查技术”课程中，在讲解“各部位 CT 检查方案”知识点时，融入靠着墙角睡着的放射科医生张锐的案例。

课前：通过学习通平台下发自主学习任务，搜集张锐的事迹，让同学们写出自己对张锐事迹的感触，上传至学习通平台。

课中：在讲解“各部位 CT 检查方案”的知识点时，引入张锐的事迹，随机抽取 2 名同学讲述自己对张锐事迹的感触，倡导学生树立爱岗敬业、团结协作、无私奉献、不辞辛苦的崇高精神。

（王婵樱）

案例 8

现代医学影像技术铺路人伦琴

【课程思政素材】

威廉·康拉德·伦琴（1845—1923 年），德国物理学家。1895 年 11 月 8 日，他发现了 X 射线，为开创医疗影像技术铺平了道路。这一发现不仅对医学诊断有重大影响，还直接影响了 20 世纪许多重大科学发现。1901 年，他被授予诺贝尔物理学奖。

1861 年，英国科学家威廉·克鲁克斯发现通电的阴极射线管有放电产生的光线，于是就把它拍下来，但是显影后发现干板上什么也没照上，一片模糊，他认为是干板旧了，于是用新的干板连续照射了几次，但仍然什么也没照上。他认为是干板有毛病，就将干板退给了厂家，就这样，一个伟大的发现与他失之交臂。1895 年 10 月，伦琴也发现了这个现象，他决定查个水落石出。11 月 8 日，伦琴在实验室里证明了这是由一种看不见的射线引起的，它具有特别强的穿透力。1895 年 12 月 22 日，他邀请夫人来到实验室，用他夫人的手拍下了第一张人手 X 射线照片。12 月 28 日，他宣布了自己的新发现，并将这个性质不明的射线叫做 X 射线。

伦琴一生谦虚谨慎，他以普通的身份进行教学和科研工作，不申请专利，不谋求赞助，使 X 线的应用得到迅速发展和普及。

【课程思政教学设计与实施】

案例主要是用在医学影像技术专业的“CT 检查技术”课程中，在讲解“CT 成像原理”知识点时，融入现代医学影像技术铺路人伦琴的案例。

课前：通过学习通平台下发自主学习任务，让同学们搜集现代医学影像技术铺路人伦琴的事迹，并写出自己对伦琴发现 X 射线的故事的感触，上传至学习通平台。

课中：在讲解“CT 成像原理”知识点时，引入伦琴发现 X 射线的故事，随机抽取 2 名同学讲述自己的感触，倡导学生学习伦琴甘于奉献、淡泊名利的品质，以及积极探索、勇于创新、锲而不舍的科学精神。

（王婵樱）

案例 9

辐射，可防可控

【课程思政素材】

2018 年，江西省某中医院 1 位病人一天做 10 个 CT 的事件引发广泛关注，病人在短时间内连续接受高强度的放射性照射可能会对身体造成很大的伤害。X 射线穿透人体时会产生一定的生物效应，若接触的 X 射线量过多，超过容许照射量，就可能产生放射反应，甚至产生一定程度的放射损害。只要 X 射线照射量在容许范围内，一般不会对人体造成损伤。

其实，日常生活中辐射无处不在，我们生活环境中的石头、泥土、建筑材料、宇宙射线等都会产生辐射。正常情况下，每个人每年接受的来自自然环境的射线辐射量（本底辐射量）为 3 mSv。放射医疗检查也会产生辐射，但在进行放射检查时应控制曝光剂量并采取有效的防护措施，安全合理地使用 X 线检查，尽可能避免不必要的 X 线照射，以保护患者和工作人员的健康。1 次胸部 X 线检查辐射剂量约 0. 02 mSv。CT 检查根据检查部位的不同，产生的辐射剂量各不相同，1 次头部 CT 检查辐射剂量约 2 mSv，约等于 100 次胸部 X 线检查，1 次胸部 CT 检查辐射剂量约 7 mSV，约等于 350 次胸部 X 线检查。

【课程思政教学设计与实施】

本案例主要用在医学影像技术专业的“CT 检查技术”课程中，在讲解“CT 辐射防护”知识点时，讲述辐射的危害及各部位的辐射剂量。

课前：通过学习通平台下发自主学习任务，学习辐射的危害及 CT 辐射剂量表，让同学们认识什么是辐射以及思考如何进行辐射防护。

课中：在讲解“CT 辐射防护”知识点时，引入本案例。随机抽取 2 名同学讲述对辐射的认识以及在工作中可以从哪些方面进行辐射的防护，倡导学生树立爱岗敬业、以人为本的职业精神。

（王婵樱）

案例 10

国产影像设备的崛起

【课程思政素材】

2019 年 5 月 14 日，第 81 届中国国际医疗器械（春季）博览会在上海开幕，与往年不同的是，毗邻通用电气和西门子这两家展台的一家中国医械企业联影，吸引了更多观众的目光。

3. 0T 探索磁共振是此次联影发布的重磅产品。其凭借业界领先的超高性能梯度系统、光梭成像技术与光梭引擎，能够提供更高的图像对比度和更精细的结构显示。设备还搭载了丰富全面的高级应用、AI 应用，如静息态脑功能成像、脑结构量化分析、脑肿瘤量化分析等，为临床、科研的前沿探索与研究提供了有力工具。

长久以来，以通用电气、飞利浦和西门子组成的“GPS”三巨头占据着高端医疗设备市场。根据中国医学装备协会的统计，截至 2017 年，中国高端医疗设备行业超过 7 成份额属于“GPS”，而 100 多家中国品牌，只拿下不到 30% 的市场份额。

随着以联影为代表的民族品牌的快速崛起，“GPS”在我国医疗设备市场的垄断地位正在逐渐动摇，国产影像设备在性能和技术上实现了弯道超车，部分领域已经达到世界领先水平。2014 年 5 月，习近平总书记在视察联影时指出，健康梦是中国梦的一部分，因此，医疗水平要不断提高，要满足人民基本要求，要改变我国医疗设备产业与国外的差距，要有排头兵、要有弄潮儿，要立足国内、放眼全球，着力实施创新驱动发展战略。他表示，医疗设备是现代医疗业发展的必备手段，现在一些高端医疗设备基层买不起、老百姓用不起，要加快高端医疗设备国产化进程，降低成本，推动民族品牌企业不断发展。

【课程思政教学设计与实施】

本案例主要用在医学影像技术专业的“MRI 检查技术”课程中，在介绍“国产磁共振发展史”知识点时，融入国产影像设备的崛起的案例。

课前：通过学习通平台下发自主学习任务，请同学们以小组为单位，搜集各类国产影像设备的发展历程和设备性能参数，制作成 PPT，上传至学习通平台。

课中：在介绍“国产磁共振发展史”的知识点时，随机请 1 ~ 2 组代表上台分享他们组在课前搜集的国产影像设备发展相关资料。每组代表分享后给 1 ~ 2 分钟时间，请讲台下的其他同学发表感悟。最后教师进行总结，倡导学生学习民族影像品牌联影自强不息、勇于探索的精神，坚定民族自信，深刻体会社会主义制度的优越性。

（彭　旺）

案例 11

磁共振安全事故警示

【课程思政素材】

2016 年 7 月 5 日，上海某医院核磁共振室内发生惊人一幕，一台轮椅“亲吻”上了核磁共振仪。据了解，事发时，患者已完成检查，患者家属因心急将其从检查室内接出而把轮椅推进了检查室。由于核磁共振仪当时处于待机状态，仍具磁性，因此金属轮椅被迅速吸附到仪器上，所幸没有造成人员伤亡。

2016 年 10 月，浙江王阿姨在某医院做核磁共振检查，医生推着轮椅带着王阿姨来到诊室边，当检查开始时，轮椅被直接吸附到仪器上，并压在王阿姨身上，王阿姨和医生都不同程度地受伤，轮椅直到第二天才被医院从仪器上拖下来，已经严重变形。

【课程思政教学设计与实施】

本案例主要用在医学影像技术专业的“MRI 检查技术”课程中，在介绍“磁共振安全性能”知识点时，融入磁共振安全事故的案例。

课前：通过学习通平台下发自主学习任务，请同学们以小组为单位，搜集磁共振安全性能及检查注意事项相关素材，制作成 PPT，上传至学习通平台。

课中：在介绍“磁共振安全性能”的知识点时，随机请 2 组代表上台分享他们组在课前搜集的磁共振安全性能及检查注意事项相关素材。每组代表分享后给 1 ~ 2 分钟时间，请讲台下的其他同学发表感悟。最后教师进行总结，使学生深刻认识到磁共振检查前准备工作和安全检查的重要性。

（彭　旺）

案例 12

CT 影像作为新冠肺炎确诊依据的提出者张笑春

【课程思政素材】

张笑春，教授，曾任武汉大学中南医院影像科副主任。2020 年 1 月武汉暴发新冠肺炎疫情时，大量疑似病患因种种原因出现核酸检测呈阴性或因没有机会做核酸检测而无法确诊。根据 1 月 27 日公布的第四版《新型冠状病毒感染的肺炎诊疗方案》，确诊病例需核酸阳性或病毒基因测序显示与新冠同源，仅有流行病学史和临床表现的只能判定为“疑似病例”。

医院发热门诊人满为患，肺部 CT 已经显示出严重病变的许多患者，无法通过核酸检测确诊入院，只能回家自我隔离。张笑春夜以继日地看片子，对比患者的 CT 图像及核酸检测结果，她发现许多“疑似病例”与确诊病例的 CT 图像“白花花”、肺部炎症表现的首发部位和发展趋势有相似甚至相同的表现，但他们的核酸检测均为阴性。一个想法渐渐在她脑中形成：以 CT 影像作为新冠肺炎诊断的主要依据。早期呈现多发小斑片影及间质改变，以肺外带明显。进而发展为双肺多发磨玻璃影、浸润影，严重者可出现肺实变，胸腔积液少见。她清楚，这个提议可以让大批无法确诊的“疑似病例”得到救治。

2020 年 2 月 3 日，作为一线抗疫的医生，武汉中南医院张笑春发朋友圈建议将 CT 影像作为新冠肺炎确诊的依据。2 月 5 日，国家卫健委公布的第五版《新型冠状病毒感染的肺炎诊疗方案》，要求湖北省内增加“临床诊断病例”分类，即根据临床症状和 CT 影像，把具有肺炎影像特征的疑似病例判定为“临床诊断病例”，并予以单间隔离治疗，帮助很多无法确诊的新冠肺炎患者得到救治。

【课程思政教学设计与实施】

本案例主要用在医学影像技术专业的“医学影像诊断学”课程中，在讲解“肺部感染的 CT 表现”的知识点时，融入张笑春的案例。

课前：通过学习通平台下发自主学习任务，搜集 CT 影像作为新冠肺炎确诊依据的提出者张笑春的事迹，写出自己的感触，上传至学习通平台。

课中：在讲解“肺部感染的 CT 表现”的知识点时，引入张笑春事迹，随机抽取 2 名同学讲述自己的感触，倡导学生学习张笑春爱岗敬业、敢为人先、为国为民、无私奉献的崇高精神。

（彭　旺）

案例 13

过度检查成为医疗危机

【课程思政素材】

随着科技的不断发展，很多先进的医疗检验仪器可以帮助医生较早发现很多“看不见的病变”。在医院里，可以看到患者或家属手举一大堆检验单，提着装有胸透、CT 片的袋子奔走在各个楼层，一项挨一项地排队等待检查的景象。然而，虽然医学技术不断进步，医生却越来越依赖各种检查设备，CT 与 B 超随手就开，“望、触、叩、听”越用越少。

过度医疗，是指因在医疗过程中所采用的诊断及治疗措施超出治疗疾病本身的需要，并造成医疗资源的浪费，甚至不利于机体的医疗行为。一旦对仪器过度依赖，有些医生就会出现将听诊器束之高阁，问诊不到三句半就埋头开检验单，甚至看病只靠仪器说话的状况。如此一来，病人变成了被各种化验单、检验报告堆砌而成的“电子病人”，医患之间的距离越来越远，“看病贵”问题越来越明显。同时，医生也会疏于思考，阻碍医术水平的提高。

目前医患关系比较紧张，医生在诊断治疗过程中通过多开检测项目和药物来自我保护。在一些医务工作者看来，过度医疗的问题充斥在很多科室的方方面面，背后既有为医院创收的动力，也有自身规避医疗风险的考虑。

此外，医生需要数据来确诊，其中哪些检查是正确诊断所必需的、哪些是多余的，都是由医生根据自己的经验和水平而定的，因此，对过度医疗的判断也就没有一个具体的量化指标。

在这种情况之下，过度检查也就出现了。过度医疗继而带来“看病难，看病贵”，作为一个社会性问题，使得医学离人文和服务对象越来越远，完全违背了医学宗旨。表面上看，受到伤害的好像只是患者，而实际上，医生却是最大的受害者，因为医生将不仅失去患者，也失去了社会及公众对他们的信任。我们不能让患者花了钱，买到的却是精神上的痛苦和身体上的伤害。因此，对医务工作者进行医德医风教育，规范医疗行为是非常重要的。

【课程思政教学设计与实施】

本案例主要用在临床医学、预防医学、医学影像技术、医学影像学专业的“医学影像诊断学”课程中，在医学影像诊断学“检查申请”的教学中，结合目前的社会问题，引入过度检查的案例。

课前：通过学习通平台下发自主学习任务，搜集“过度医疗”的概念、产生原因、具体案例等，上传至学习通平台。

课中：在讲解医学影像诊断学的“检查申请”时，引入过度检查的案例，讲述医学影像常见检查方法的适用证、应用范围；然后随机抽取 2 名同学讲述自己的感触，认识到过度检查产生的原因及如何避免过度检查。

（彭　旺）

案例 14

血液净化标准操作规程

【课程思政素材】

为进一步规范血液净化操作，保障医疗质量和安全，国家卫健委医政医管局公布了《血液净化标准操作规程（2020 年版）（征求意见稿）》：原则上二级以上医疗机构应配备 10 台以上血液透析机，其他医疗机构可根据地域、人口密度和服务人群的需求等实际情况，合理配置相应数量的透析机；必须含有 1 台以上用于临时的血液透析机。每个透析班次至少 2 名执业医师在岗，此期间不应同时安排门诊、会诊及动静脉内瘘手术等其他任务。每位医师管理病情稳定的维持性血液透析患者每班次不超过 30 例。

【课程思政教学设计与实施】

本案例主要用在智能医疗装备技术专业的“血液透析机分析与维护”课程中，在介绍“设备操作方法以及注意事项”的知识点时，融入血液净化标准操作规程的素材。

课前：通过学习通平台下发自主学习任务，请同学们以小组为单位，将血液透析机的操作流程制作成 PPT，上传至学习通平台。

课中：结合血液透析机操作方法的知识点，让同学们学习国家卫健委公布的血液净化标准操作规程，让学生对比新旧规程的差异，引导学生关注本行业的最新规章政策、最新行业要求。引导同学重视专业学习，培养爱岗敬业的职业素养。

（谢　玲）

案例 15

未遵守消毒规范造成多起死亡、致病事故

【课程思政素材】

案例 1：韩国媒体报道，2017 年 12 月 16 日 21 时 31 分至 22 时 53 分，4 名新生儿在位

于韩国首都首尔的某医院重症病房的保育箱内相继死亡，家属随后报警。血液检测显示，其中3个孩子感染弗氏柠檬酸杆菌。随后，韩国疾病预防与控制中心20日通报，4名新生儿短时间内相继死亡很可能是由于在医院交叉感染，嫌疑直指受到污染的注射器或输液袋。

案例2：2019年11月30日媒体报道，上周，印第安纳州某医院对外宣布，4月份到9月份，由于医护人员未能完全对手术器械消毒，导致近几个月接受手术的1182名患者可能感染病毒，包括艾滋病、乙型肝炎、丙型肝炎等。

发现这个问题以后，该医院给这些患者发了一封信，并表示愿意为所有人提供免费的身体检查。

当地时间周五（11月29日），一名患者将该医院告上了法庭。患者表示，她于6月24日接受了手术，由于该医院的疏忽，她可能感染了数种疾病，其中有些可能是无法治愈的。突如其来的通知给患者带来了情绪上的困扰，未来她不得不接受长时间的身体检查，可能持续数年。

【课程思政教学设计与实施】

本案例主要用在智能医疗装备技术专业的“血液透析机分析与维护”课程中，在介绍“设备操作方法以及注意事项”的知识点时，融入“未遵守消毒规范造成多起死亡、致病事故”的素材，引导学生遵守操作规范。

课前：通过学习通平台下发自主学习任务，请同学们以小组为单位，总结整理血液透析机的操作注意事项，上传至学习通平台。

课中：结合血液透析机的操作注意事项，导入本案例。请同学们分析：导致这些悲惨事故的原因是什么？应该如何避免？引导学生遵守操作规范。

（谢　玲）

案例16

停不了的血液透析机维系2885条生命！

【课程思政素材】

面对新冠肺炎疫情，很多人害怕去医院，生怕被感染。但对有些人而言，血液透析的倒计时比新冠肺炎更残酷。

东莞市某医院血液净化中心内，数十名肾功能衰竭患者静静地躺着，殷红的血液从手臂中流出，通过管子注入病床边的透析机，然后再重新输入体内。

血透科患者是新冠肺炎高度易感人群，血透中心是高风险地区。对血透患者的预防、保护、筛查、隔离等在流行病管理中至关重要。

整个东莞至少有2885名这样的患者，必须每周三次接受血透，超滤出身体内潴留的水分及毒素。即便是在疫情最严峻的时刻，他们也无法停顿。

【课程思政教学设计与实施】

本案例主要用在智能医疗装备技术专业的“血液透析机分析与维护”课程中，在介绍“血液透析机的工作原理”的知识点时，融入素材，引导学生发扬以对抗疾病、提高人类生命质量为己任的守护精神。

课前：通过学习通平台下发自主学习任务，请同学们以小组为单位，整理血液透析机的故障维修案例，制作成PPT，上传至学习通平台。

课中：结合典型案例，讲解故障原因和维修流程，教师演练，学生实训。让学生分享课前搜索的维修案例，引导学生发扬以对抗疾病、提高人类生命质量为己任守护精神。

（谢　玲）

案例 17

人类最早发明的医疗器械“九针”

【课程思政素材】

在远古时代，人类的生存条件十分恶劣，经常面临猛兽和自然灾害的侵袭，并受到各种疾病的困扰。我国近代考古发现，早在新石器时代，已出现医用石器，包括热敷、按摩、叩击体表、割刺脓疡、放血等不同的石器工具。其中，刺入人体组织的石器叫砭石，它是一种锐利的石块，《说文解字》注：“砭，以石刺病也。”以石为针，这应是我国古代针术的萌芽。

2500年前《黄帝内经》中所述的“九针”，是人类最早发明的医疗器械；以经络学说为指导的针灸术成为重要的治疗手段。在此之后，直到19世纪，无论是中国还是世界，除1816年听诊器的发明和1850年医用临床体温计的问世外，医疗器具的发展一直相对迟缓。

【课程思政教学设计与实施】

本案例主要用在智能医疗装备技术专业的“医用电子仪器分析与维护”课程中，在介绍“医疗仪器的发展史”的知识点时，融入2500年前《黄帝内经》中所述的“九针”的案例，培养学生的爱国主义情怀和文化自信。

课前：通过学习通平台下发自主学习任务，请同学们以小组为单位，完成学习通平台主题讨论：有记录的最早的医疗器械是哪个国家发明的？是什么医疗器械？

课中：在介绍“医疗仪器的发展史”的知识点时，请3位同学分享搜集的最早的医疗器械的资料。老师进行总结，希望同学们认真学习专业知识，弘扬中国传统文化。

（谢 玲）

案例18

医疗器械治疗责任事故超六成因使用不当造成

【课程思政素材】

2010年，国家药品不良事件监测中心共收到医疗器械不良事件报告68191份，较上年增长28%。9月3日，由中国医学装备协会主办的医学装备质量控制与安全保障工作座谈会在北京召开。该协会常务副理事长赵自林在会上呼吁，医学装备质量与人的生命健康安全息息相关，加强其质量控制和管理，应成为各级卫生行政部门及医疗机构必须研究的命题。

北京宣武医院医学工程部主任严汉民介绍，2010年，卫生部医院管理研究所组织对全国6个省、市99所医院（三级医院56所、二级医院43所）6种临床风险高的医疗设备进行质量评估，总不合格率大于30%。

医疗器械不良事件全球协调工作小组曾明文说，在医疗器械相关治疗责任事故中有60%~70%是由于使用不当造成的。国内公认的统计学数据表明，医学装备质量风险源于3个方面：设备“先天”问题占10%~20%，使用问题占50%~60%，系统故障占20%~30%。

与会专家建议，应把医学装备质量管理纳入医疗质量管理与控制体系，质量指标要进行量化，配套制定医学装备质量安全控制体系考核标准。成立国家医学装备质量管理与控制中心，在此基础上逐步建立各省、市医学装备质量控制中心。尽快制定医学装备质量控制工作制度与管理规范及检查考核标准，并制定和完善重点医学装备质量控制检测的国家标准或规程。制定各级医疗卫生机构医学设备管理师编配标准，为医学装备质量安全控制提供人力资源保障。

【课程思政教学设计与实施】

本案例主要用在智能医疗装备技术专业的“医用电子仪器分析与维护”课程中，在介绍“心电图机的操作方法”知识点时，融入“医疗器械治疗责任事故超六成因使用不当造成”的素材。培养学生人民至上、以人为本的价值追求和爱岗敬业的职业素养。

课前：通过学习通平台发布心电图机的使用视频。请同学们完成课前预习：总结心电图机的使用步骤及注意事项。发布讨论：在医疗器械相关治疗责任事故中有60%～70%是由于使用不当造成的，如何降低医疗设备使用不当的风险？

课中：在讲解“心电图机的操作方法”的知识点之后，教师进行演练，让学生自主练习。在学生练习时，教师巡视课堂，观察学生的操作是否规范、态度是否认真。

（谢 玲）

案例19

俄罗斯医院发生火灾，可能因医疗仪器短路引起

【课程思政素材】

新华社莫斯科2021年6月9日电，据塔斯社报道，俄罗斯梁赞州一家医院9日凌晨发生火灾，造成至少3人死亡、8人受伤，另有35人被疏散。

据当地紧急情况部门消息，该医院位于梁赞州梁赞市，紧急情况部门于当日凌晨3时36分接到医院火警电话，消防员赶到医院后于4时19分将大火扑灭。经确认，死者为正在住院治疗的新冠肺炎患者，8名伤者已送医救治。

有关部门就火灾原因进行调查，火灾可能因医疗仪器短路引起。

【课程思政教学设计与实施】

本案例主要用在智能医疗装备技术专业的“医用电子仪器分析与维护”课程中，在介绍“医用电气设备安全与风险防范”知识点时，融入“俄罗斯医院发生火灾，可能因医疗仪器短路引起”素材。培养学生质量意识和安全意识。

课前：通过学习通平台发布医用电气设备的安全要求，要求学生搜集近期的一些医疗设备安全事故。

课中：在讲解“医用电气设备安全与风险防范”知识点时，随机请2位同学分享搜集到的近期的医疗设备安全事故。教师进行总结：安全无小事，责任重于泰山。医疗设备的维修保养是医疗设备安全管理的重要环节，医疗设备维修过程中，我们不仅要做到快速、经济、节约，更要提高安全意识，严格遵守操作流程，将安全性保养维护作为其核心内容。通过采取安全防护措施，能有效避免由于医疗设备安全风险而导致的医疗事故，对保障患者和操作人员的生命安全、延长设备的使用寿命有重要意义。

（谢 玲）

案例 20

医疗设备交叉感染预防

【课程思政素材】

交叉感染是医院内感染的方式之一，指住院病人之间、医护人员与病人之间在医院环境条件下，经各种传播途径发生的传染。在医院内感染、出院后发病的也包括在内。病人、医护人员或探视者直接接触，或经水、空气及物品间接接触，均可造成感染。感染的病原体可能是另一种病原微生物，也可能是同一种病原微生物的不同型株。

交叉感染的发生与医院环境、医护操作、病人自身因素等有关。

医院环境：医院作为各类患者及其家属集中的场所，人流量大，常常十分拥挤嘈杂，各类人员之间密切接触的机会多，使得医院发生交叉感染的机会大增。

医护操作：病人住院期间，常常需要进行一些有创操作（如静脉穿刺、手术）及一些侵入性操作（插胃管、尿管等进入人体体腔的操作），这些操作都带来了一些交叉感染的风险。进行有创操作前，尤其是进行手术前，没有严格按照要求洗手，戴无菌手套、穿无菌手术衣时违反无菌原则，都会增加手术病人交叉感染的风险。进行一些侵入性操作时，没有严格按照无菌原则会增加感染风险。

病人自身因素：许多住院病人年龄较大，本身免疫力就处于较低的水平，加之有基础病（高血压、糖尿病等）或者营养不良，免疫力更差。一些癌症患者，或者烧伤、重症感染患者，由于疾病或创伤的消耗，他们的免疫力也是相当脆弱。免疫力低下，给了细菌可乘之机。

为尽可能避免交叉感染，医疗设备维修工程师应做好自身安全与卫生防护；注意病房及医疗设备维修场所的清洁；进行医疗设备检修操作前、后，严格执行清洗与消毒操作；规范维护操作，避免粗暴操作。

【课程思政教学设计与实施】

本案例主要用在医疗器械维护与管理专业“医用 X 线分析与维护”课程中，在介绍“X 线机维修过程中个人安全防护”知识点时，融入医疗设备交叉感染预防知识。

课前：通过学习通平台下发自主学习任务，请同学们以小组为单位，搜集医疗设备交叉感染的案例，并且分析交叉感染的原因。分析作为一个医疗设备维修工程师，应如何预防交叉感染不良事件的发生，制作成 PPT，上传至学习通平台。

课中：在介绍“X 线机维修过程中个人安全防护”知识点时，随机请 1 ~ 2 组代表上台分享他们组在课前搜集的医疗设备交叉感染案例，并且分析交叉感染的原因。每组代表分享后给 1 ~ 2 分钟时间，请讲台下的其他同学发表他们在听小组代表分享后自己的观点。最后教师进行总结，引导学生热爱医疗设备维修与维护事业，培育精益求精的工匠精神。

（朱承志）

案例 21

中国第一款口罩的发明人伍连德

【课程思政素材】

伍连德用“封城”打赢了110年前的东北鼠疫，他发明了中国第一个口罩。

伍连德，马来西亚华侨，公共卫生学家，医学博士，中国检疫、防疫事业的先驱，中华医学会首任会长，北京协和医学院的主要筹办者，1935年诺贝尔生理学或医学奖候选人。20世纪初期，他发明并推广了中国第一款口罩，被称作“伍氏口罩”。也正是他临危受命，力挽狂澜，遏制了人类历史上第三次鼠疫的蔓延，拯救了中华大地上无数生灵。

【课程思政教学设计与实施】

本案例主要用在医疗器械维护与管理专业“医疗器械注册管理实务”课程中，在介绍“医疗器械的概念和分类”的知识点时，融入中国第一款口罩的发明人伍连德的生平简介及人生贡献。

课前：通过学习通平台下发自主学习任务，请同学们以小组为单位，搜集中国第一款口罩发明人伍连德的简介及事迹，将感触最深的内容制作成PPT，上传至学习通平台。

课中：在介绍“医疗器械的概念和分类”的知识点时，随机请1～2组代表上台分享他们组在课前搜集的伍连德的事迹及他们对事迹的感悟。每组代表分享后给1～2分钟时间，请讲台下的其他同学发表他们在听小组代表分享伍连德事迹时自己的感悟。最后教师进行总结，倡导学生学习伍连德热爱祖国、热爱防疫事业、无私奉献、不辞辛苦的崇高精神。

（成玉梅）

案例 22

家用医疗器械步入数字生命时代

【课程思政素材】

“工欲善其事，必先利其器。”在家用医疗器械不断精良的过程中，监管也成为一个特别的焦点。中国医疗器械行业协会秘书长徐珊表示，近年来，家用医疗器械实现了从“重产品审批”转向“重过程监管”的全程监管模式。

当前，国内的医疗器械监管模式很大程度上借鉴了美国和欧盟的监管经验。中国与大多数国家一样，对医疗器械实行分类管理，既有上市前审批，又有上市后监管，完成了从重审批到重监管的转变。据记者了解，国外对于家用医疗器械的监管不同于非家用医疗器械，而目前我国对家用医疗器械的监管并没有与非家用医疗器械的监管进行区分。

徐珊介绍：“随着家用医疗器械的发展和普及，国家药品监督管理机构已开始强化和明确对家用医疗器械的监管要求。”2019 年医疗器械技术审评中心拟定的医疗器械注册技术审查指导原则编制计划中就有 2 ~ 3 项注册技术审查指导原则与家用医疗器械直接或间接相关。

徐珊表示，家用医疗器械以辅助诊断的产品居多，主要依靠企业主动上报或者使用者出现问题后进行反馈。家用医疗器械以二类医疗器械辅助诊断的产品居多，企业应严格自律，加强品质控制，如发现品质问题应主动上报，而不能一味等使用者出现问题后进行反馈。

近日，国家药品监督管理局还发布了选购家用医疗器械的提示，建议消费者选购家用医疗器械前，要仔细阅读产品说明书，询问销售人员或医生，弄清产品的作用机制、适用范围、使用方法、注意事项、禁忌证等，根据医生的建议和自身情况选择购买和使用。如果需要辨别真假，也可以登录国家药品监督管理局网站查询。

【课程思政教学设计与实施】

本案例主要用在医疗器械维护与管理专业“医疗器械注册管理实务”课程中，在介绍“监督管理”知识点时，融入《中国科学报》的“家用医疗器械步入数字生命时代”资讯。

课前：通过学习通平台下发自主学习任务，请同学们以小组为单位，搜集近期国家在医疗器械监督管理方面的举措，制作成 PPT，上传至学习通平台。

课中：在介绍“监督管理”知识点时，请同学们自主报名上台展示并讲述国家在医疗器械监督管理方面的举措。最后教师进行总结，倡导学生发扬热爱祖国、遵纪守法、严于律己的崇高精神。

（成玉梅）

案例 23

最美医疗器械人王泽义

【课程思政素材】

王泽义是吉林省迈达医疗器械股份有限公司董事长，一位医疗器械领域的企业家。

他从肛肠治疗仪起步，从肿瘤热疗机声名鹊起，从腹膜透析机走向大众。“把不方便变为方便，把想法变成办法”是他经常挂在嘴边的一句话。30 多年的时间里，他游走在生命的边陲地带，他对生死比任何人都敏感，也因此衍生出他对人生价值的大彻大悟。

王泽义原本在供电所工作，月薪只有 36 元，很吉利的数字，但要维持全家温饱无忧却力不从心。让他更尴尬又窝火的是，本就薄如窗户纸的家底，被贼鼠登堂入室，此时的他，所有固定资产只剩下一个蜗居，一个媳妇，两对双亲，还有即将出生的孩子。“被偷了，家里什么都没有了，我就想着怎么能挣点钱花……”这是王泽义当时最真实的想法。殊不知，福无双至，祸不单行。1986 年，他下岗了，一时间，用以糊口的月薪 36 元的工资也断流了。但生活还得继续，应该干点儿什么？带着这个迫在眉睫的生计问题，带着一个男人应该背负的家庭责任，同时也带着一场未知的生存博弈，王泽义开启了他的创业之路……

偶然的机会，他结识了一位提出肿瘤新型治疗方式的专家。在专家的理论支撑下，他开始向着目标努力。1994 年，王泽义获得了“高频电机钳”实用新型发明专利和内生场热疗系统发明专利。1998 年开始，王泽义以内生场肿瘤热疗设备作为主营业务向全国推广。2001 年，王泽义成立了吉林省迈达医疗器械股份有限公司，一家集设计、研发、生产、销售为一体的，我国目前最大的以肿瘤热疗设备为主的专业生产厂家。

2000 年，第八届全国肿瘤热疗学术研讨会在长春开幕。王泽义的 NRL－001 型和 NRL－002 型肿瘤热疗机产品成功问世，备受瞩目。这种产品，利用内生场产热原理，使物理能量作用于患者病灶，既能使肿瘤细胞死亡、又不损伤正常组织。它可以与放疗、化疗产生互补作用，又能减轻副作用，因而被国际医学界称为“绿色疗法”。无论是在产品品种、数量和规模上，还是在原理、控制手段和效果上，迈达医疗都处于领先水平。

【课程思政教学设计与实施】

本案例主要用在医疗器械维护与管理专业“医疗器械注册管理实务”课程中，在介绍“产品注册的医疗器械申请人”的知识点时，融入最美医疗器械人王泽义的事迹。

课前：通过学习通平台下发自主学习任务，请同学们以小组为单位，思考怎么做一名合格的医疗器械注册申请人，并形成文字资料上传至学习通平台。

课中：在介绍“产品注册的医疗器械申请人”的知识点时，请 1～2 位同学进行分享展示，时间为 3 分钟。最后教师进行总结，培养学生热爱祖国、甘于奉献、勇于承担责任的社会责任感和职业使命感。

（成玉梅）

案例 24

医疗器械质量检测的排头兵叶成红

【课程思政素材】

叶成红，2012 年自北京大学生物医学工程系毕业后，进入医疗器械技术审评中心工作。医疗器械行业是一个朝阳行业，同时也是多学科交叉、知识密集的高技术产业，综合了生物学、医药学、工程学、材料学等多个学科。医疗器械在疾病的预防、诊断、治疗、康复等方面发挥了巨大作用，但如果不能充分、科学地评估医疗器械产品的安全性和有效性，则可能会对人体造成极大危害。叶成红秉承“希望能够运用自己的专业知识和认真严谨的工作态度，帮助人民群众把好关”的初心，为尽快进入角色，不断向同行学习请教，收集了很多国内外医疗器械检查工作的资料，学习国外先进经验，练就技能。由于叶成红对科学的坚守和敬畏，“庖丁解牛”式的韧劲和执着，把工匠精神融入医疗质量检测的每一处细节，使他成为医疗器械质量检测的排头兵。

【课程思政教学设计与实施】

本案例主要用在医疗器械维护与管理专业的“无源医疗器械检测技术”课程中，在介绍“无源医疗器械的质量评测”知识点时，融入行业标杆典型人物案例，引导同学们坚定职业初心，守护医疗器械安全防线，扎实学好专业知识，练就过硬技能。

课前：通过学习通平台下发自主学习任务，请同学们搜集医疗器械质量检测与评价过程中的职业规范和要求，以及典型优秀个人代表和事迹。

课中：在介绍“无源医疗器械的质量评测”知识点时，播放叶成红的采访视频，介绍叶成红的优秀事迹。随机请 1 ~ 2 名同学分享课前搜集的医疗器械质量检测与评价典型优秀个人的事迹。教师提炼总结，倡导学生学习优秀医务职业人忠于职守、热爱医疗事业、刻苦钻研的崇高精神。

（黄冬来）

案例 25

身边的医工人郭刚

【课程思政素材】

郭刚，湘潭市中心医院设备科科长，20 年矢志追求，两次主动请缨，勇当医院改革的排头兵，先后在单位核算、基建、设备等多个关键岗位担任负责人，始终以匠心传承技能，以仁心助推服务，以担当履职尽责，严格管理，勤勉工作，刻苦钻研，练就技能，率先垂范，干一行爱一行，在每一个岗位上出新出彩。郭刚制定的医用设备维护维修精细化管理方案，极大地减少了医疗设备的故障率，提高了维修人员的工作效率，为医院年平均节约了设备维修费用近 500 万元。

【课程思政教学设计与实施】

本案例主要用在医学影像技术、医疗器械维护与管理、智能医疗装备技术等专业“医用影像设备分析与维护”“CT 机的分析与维护”等课程中，在介绍医工人的职业素养时，融入身边的典型人物郭刚的事迹。

课前：通过学习通平台发布身边的医工人郭刚的维修操作视频。从任务接单开始，工具准备、设备科室人员交流、设备使用记录查询、设备故障诊断、设备维修、卫生清洁与设备调试、维修登记全流程记录，体现精益求精的精神。请同学们搜索“6S”管理规范和医疗设备工程师应具备的职业素养，并写出观看视频后的感悟。

课中：在讲授“医疗设备工程师应具备的职业素养”知识点时，随机抽取 1 ~ 2 名同学代表发言，谈谈观看视频后的感想，并结合自身，谈谈身为医工人应该怎么做。最后教师进行总结，倡导学生热爱医工事业，从点滴做起，发扬精益求精的精神。

（黄冬来）

案例 26

医学影像设备的国产化

【课程思政素材】

在医疗器械发展过程中，医学影像设备一直占据着重要地位。伴随着科技的发展，医学影像设备的发展日趋迅速，功能也日趋完善，医学影像设备在临床的应用也日渐重要。我国医学影像设备行业市场空间大，但大型的医学影像设备，如数字 X 线成像、数字减影血管造影、乳腺 X 线成像、数字肠胃机、计算机断层扫描、磁共振成像、核医学设备等均被国外品牌，如西门子、通用、飞利浦三大企业垄断。现阶段国内企业仅在医学影像设备中的数字 X 线机和超声两个领域有所突破。卡脖子的科技问题一直制约着我国大型医学影像设备国产化的发展。作为现代医工人，在平凡的工作岗位中推动大型医学影像设备的国产化，需要有锐意创新的进取意识。

【课程思政教学设计与实施】

本案例主要用在医疗器械维护与管理、智能医疗装备技术等专业的“医用影像设备的分析与维护”等课程中。

课前：通过学习通平台上传文章《从诺奖看“中国被卡脖子的科技”》，并下发自主学习任务和思考问题，同时请同学们搜集已经实现国产化的医学影像设备的类型、品牌、厂家信息。

课中：在讲授医院影像科“典型影像设备的组成”知识点时，随机抽取 2 ~ 3 名同学代表发言，谈谈身为医工人应该怎么做。最后教师进行总结，强化学生的爱国意识，倡导学生掌握扎实的专业知识和技能，在平凡的岗位中锐意创新。

（黄冬来）

案例 27

医疗设备的管理专家倪军

【课程思政素材】

倪军，上海柯渡医学科技股份有限公司董事长。上海柯渡医学科技股份有限公司成立于 2006 年，致力于成为中国医疗设备服务行业客户的解决方案提供者，是全国规模领先的医学装备管理服务高科技企业。目前柯渡医学在全国拥有 1200 多名工程师。经过多年的发展，柯渡医学已经发展成为专业的医院设备资产管理商。公司总部在上海，服务网点覆盖全国，为超过 1 万家医院、上百万台医疗器械提供医疗设备资产管理服务，服务内容涵盖医院设备选型、设备应用培训、设备保养及维修、以旧换新、设备租赁等。其研发的瞳影眼镜远程智能支持平台，随时支援全国需要帮助的一线工程师。目前全球范围内还没有形成一套标准的医疗设备维修与维护体系，面对行业难题，倪军说：“因为我们是领头羊，积累了十几年的经验，我们在不断地总结经验，建立标准。我们申请的 CNAS 实验室也通过了国家技术认证，针对维修过的设备进行检测，确保医疗设备的可靠性。”

【课程思政教学设计与实施】

本案例主要用在智能医疗装备技术、医疗器械维护与管理专业的“医用影像设备的分析与维护”课程中，在介绍“医学影像设备的管理与要求”知识点时，融入倪军提出的“互联网医院设备管理一体化解决方案”，致力于创建行业标准，提升该企业在国内乃至国际的竞争力，树立中国品质。

课前：发布由中央电视台发现之旅节目组拍摄的专门针对上海柯渡医学科技股份有限公司董事长倪军的专访视频。通过学习通平台下发自主学习任务，请同学们以小组为单位，搜集上海柯渡医学科技股份有限公司简介、业务发展情况，以及“互联网医院设备管理一体化解决方案”的提出背景与实施情况。

课中：在介绍“医学影像设备的管理与要求”的知识点时，随机请1~2名同学代表对上海柯渡医学科技股份有限公司的发展和现阶段医院对医疗设备管理的瓶颈问题发言，教师总结凝练。上海柯渡医学科技股份有限公司成立十几年来，入选上海名牌，并获得“科技小巨人”企业称号。正如倪军提出的：“如果我有一支团队，能够有这方面的技术，把医院的这些设备维护得好好的，不再产生各种事故，那将是我一生的心愿。”倡导学生学习倪军致力于祖国的医工事业，创新发展、锐意进取的精神。

（黄冬来）

案例28

医疗器械企业家李西廷

【课程思政素材】

李西廷，安徽砀山人，深圳迈瑞生物医疗电子股份有限公司董事长。

李西廷毕业于中国科技大学物理系低温物理专业，在武汉物理研究所从事物理研究工作8年，1991年主持创办迈瑞，历任迈瑞医疗董事、总经理，迈瑞国际董事、总裁及联席首席执行官、董事长。4年在中国科技大学的学习和3年留学法国的经历，让他对未来充满了信心，从法国返回后就职于武汉物理研究所，从事物理研究工作。几年之后，中科院和美国的一家高技术公司合资成立深圳安科公司，主要从事大型医疗影像设备如MRI、CT等产品的研发、生产、销售。根据公司的规划，优先从中科院选一批专业人员从事相关工作。李西廷做的研究工作恰好与此相关，于是被选上进入安科公司。

当时北上广深的高档医院用的医疗器械基本来自进口。也就是说，外国人把中国的高端医疗器械市场垄断了，价格非常昂贵。比如一台简单的监护仪，当时可以卖到13万元，一般老百姓去看病根本用不起。正是这种情况，让李西廷有了成立公司的想法，他希望能打破这种外国垄断市场的局面，进入高端医疗器械市场，否则中国人看病贵、看病难的问题可能永远解决不了。

1991年，李西廷40岁，他和安科的一些同事聊了创业的想法，获得了大家的一致赞成。就这样，李西廷和原安科的几个人一起成立了迈瑞医疗。

迈瑞医疗成立多年来，一直专注于监护仪、彩超、体外诊断等医疗设备器械的研发和制造。目前，迈瑞医疗的监护、除颤、麻醉、血液细胞分析等产品的市场占有率均居全球前六、中国前三。

在李西廷心中，迈瑞医疗之所以能够迅速成长为年营收超百亿、市值稳居创业板前列的大企业，制胜的法宝有四个：一是自始至终是做企业，而不是做生意，不看一时一事，更多着眼于长远发展；二是自始至终掌握核心技术，没有核心技术光有价格优势走不长远，更不可能在国际市场上真正占领市场；三是自始至终牢记合法合规经营是企业长期发展的基础；四是有现代化的管理手段，大到合同签订、财务管理，小到食堂菜品、电路系统，都有细致清晰的现代化管理体系。

李西廷提到最多的词就是“工匠精神”。在他看来，“工匠精神”是对每一个细节的注重。国内医疗器械行业发展较晚，以前的高端医疗器械市场一直被通用、飞利浦、西门子等进口品牌占据。凭借着多年来对产品雕琢、技术研发的坚持，迈瑞医疗不断诠释着“工匠精神”。

【课程思政教学设计与实施】

本案例主要用在医疗器械维护与管理专业“有源医疗器械检测技术”课程中，在讲授“有源医疗器械技术检测标准”知识点时，融入医疗器械企业家李西廷的案例，激发同学们的爱国热情。

课前：通过学习通平台下发自主学习任务，搜集国内著名医疗器械企业的成长案例。

课中：在介绍“有源医疗器械技术检测标准”知识点时，随机请 1 ~2 名同学讲述我国医疗器械企业的发展对自己的启示，最后教师进行总结，倡导学生发扬热爱祖国、勇于创新的精神。

（黄冬来）

案例29

医疗设备引发医疗事故的问题亟待重视

【课程思政素材】

在 2020 年国际医疗仪器与设备展会上，专家指出，医疗器械和设备因管理不当或售后服务不到位而造成患者伤害的警钟频频敲响，医疗设备引发医疗事故的问题亟待高度重视。

从庞大的 CT、核磁共振，到便携的微波治疗仪、输液泵，这些都属于医疗设备和器械的范畴。人们已经习惯于依靠这些设备进行诊断和治疗，但是公众很少知道，这些医疗设备在使用中也有风险，甚至会危及生命。

现代医疗设备的功能越来越丰富，精密程度越来越高，设备操作复杂度和维修难度也越来越大，任何小偏差都可能让正在临床诊疗过程中运行的医疗设备出现故障，导致危及患者安全的不良事件发生。

“未病先防、对症下药的原则对于医疗设备同样适用。”中华医学会医学工程学分会副主任委员陈安宇教授说，医疗设备也需要“养生”，一方面靠医院加强管理，另一方面靠专业研发、生产的厂商做好平时的售后服务。

“然而，这个关键性的售后服务工作，在中国各级医院中执行得不那么理想。”陈安宇教授说。根据2020年度中国医疗设备售后服务调查的结果，医院普遍反映很多厂家不能提供良好的售后服务，尤其是对于“厂家的现场维修”“医院的售后培训”“厂商热线电话服务”等方面的满意度很差。

“这种售后服务环节的短板，直接影响了医院的医疗安全和医疗质量，成为阻碍中国医疗水平提升的拦路虎。”陈安宇教授说。

【课程思政教学设计与实施】

本案例主要用在医疗器械维护与管理专业“有源医疗器械检测技术”课程中，在讲授“有源医疗器械安全技术检测规范”知识点时，融入本案例，提升学生作为职业医工人的责任担当和使命感，真正理解救死扶伤不仅是医生的责任，也是医工人的责任。

课前：通过学习通平台下发学习任务，搜集近年来由于医疗器械所造成的事故案例和国家对医疗器械事故的处理举措，并结合自己所学的专业知识写出感想。

课中：在讲授“有源医疗器械安全技术检测规范”知识点时，随机抽取2~3名同学分享自己搜索的案例和感想，其余同学分组讨论，最后教师进行总结，倡导学生精研专业，练就技能，树立医者仁心、忠于职守、精益求精的医工精神。

（黄冬来）

案例30

植入医疗器械企业康拓医疗

【课程思政素材】

西安康拓医疗技术股份有限公司（简称“康拓医疗”）创办于2005年，坐落在西安高新区。公司成立16年来，在其创始人胡立人的带领下，坚持以创新驱动发展，实现了从自主研发到不断打磨，再到实现行业一路领先的蜕变。

康拓医疗致力于第三类植入医疗器械的研发、生产和销售服务，拥有授权专利19项，取得12个第三类植入医疗器械注册证，成为国内第一家拥有PEEK材料颅骨修补板注册证，同时也是全球唯一拥有PEEK材料颅骨固定链接片注册证的植入性医疗器械企业。

康拓医疗的成功之道是什么？“首先肯定是创新，是坚持不懈的创新。”公司的植入式医疗器械都是风险程度高的第三类医疗器械，产品100%合格是企业安身立命之本，是企业发展基础中的基础。自从康拓医疗开始设计第一款产品起，他们便专注于产品的持续创新和工艺提升。经过16年不懈努力，康拓医疗的产品已得到了市场的充分认可，被广泛应用于国内各类医院，多个产品还通过了美国、韩国、欧盟等认证，出口多个国家和地区。

企业成长壮大了，康拓医疗也不忘履行社会责任。脱贫帮扶，有康拓医疗的身影；疫情防控，他们捐钱捐物。

康拓医疗秉持“专业品质，精益求精”的态度，持续加大研发力度，以技术为发展核心驱动力，以“服务中国医疗，振兴民族品牌”为宏愿，积极投身于祖国的医疗健康事业，不断丰富产品系列，完善产品布局，不断提高自身的综合竞争力。

【课程思政教学设计与实施】

本案例主要用在智能医疗装备技术、医疗器械维护与管理等专业的“医疗器械生产质量管理实务”课程中，在介绍“医疗器械创新发展”“第三类医疗器械注册”这两个知识点时，融入西安康拓医疗技术股份有限公司发展历程。

课前：通过学习通平台下发自主学习任务，请同学们以小组为单位，搜集康拓医疗的相关资料，并探讨医疗器械企业如何发展壮大，如何进行第三类医疗器械注册申请，总结医疗器械企业走向成功的秘诀和第三类医疗器械的注册过程，制作成PPT，上传至学习通平台。

课中：在介绍医疗器械企业如何创新发展时，随机请1～2组代表上台分享他们组课前总结的康拓医疗成功的秘诀。教师进行总结，倡导学生学习胡立人秉持“专业品质，精益求精”的态度，追求医疗器械产品质量，围绕患者的需求去创新，努力研发生产出更多、更好、更安全的产品，以“服务中国医疗，振兴民族品牌”为宏愿，积极投身于祖国的医疗健康事业，并不忘企业的社会责任，对困难家庭进行帮扶，为抗疫防控出钱出力的家国情怀。

（魏新桂）

第十一章　老年保健与管理篇

案例 1

养老护理员郭静

【课程思政素材】

2012 年，刚满 20 岁的郭静离开家乡，告别父母，进入上海市某养老机构，走上人们眼中烦琐劳累的老年照护岗位。工作中，她遭受过误解，经历过白眼，虽然也掉过眼泪，却从来没有萌生过退意，仍旧执着坚守在孝老爱老的一线岗位上。郭静先后获得上海市“最美养老护理员”“劳动模范”“优秀共产党员”等多项荣誉。她在日记中这样鼓励自己：“我还年轻，我想用自己的坚持去告诉所有人，老年照护并不是一份毫无价值的工作。一个有年轻人参与的行业，才有希望，才有将来，在这条养老道路上，我会一直坚持走下去……”

随着我国老龄化程度加深以及国家对养老事业日益重视，越来越多的具有先进养老服务理念和娴熟专业服务技能的复合型老年照护人才加入养老服务体系建设队伍。他们在生活上给予老人精心照料、在精神上给予老人亲切抚慰，让老人的晚年生活更加有质量、有尊严，帮助老人拥有快乐幸福的晚年时光。

【课程思政教学设计与实施】

本案例主要用在老年保健与管理等专业的“老年照护”课程中，在介绍“老年照护的现状”的知识点时，融入“最美养老护理员”郭静的典型事迹，培养学生的社会责任感和职业使命感。

课前：通过学习通平台下发自主学习任务，请同学们以小组为单位，搜集“最美养老护理员”郭静的简介及事迹，将感触最深的内容制作成 PPT，上传至学习通平台。

课中：在介绍“老年照护的现状”的知识点时，随机请 1 ~ 2 组代表上台分享他们组在课前搜集的郭静的事迹及他们对事迹的感悟，每组代表分享后给 1 ~ 2 分钟时间，请讲台下的其他同学发表他们在听小组代表分享时自己的感悟，最后教师进行总结，倡导学生学习郭静热爱养老事业、无私奉献、不辞辛苦的崇高精神。

（廖艳芳）

案例2

勇当器官捐赠志愿者

【课程思政素材】

生命，因短暂和仅有一次而显得珍贵，然而遗体捐献者却战胜了短暂，使生命得到了延续和升华。医学生们更应该向这些为党、为人民、为医学事业奉献自己的各界人士看齐，努力学习，奉献自己的所学，尽自己所能，回报社会。据不完全统计，湘潭医卫职业技术学院有数十名同学登记成为中国人体器官捐献志愿者，如老年保健19301班一个同学在接受采访时说："我希望这个决定能够给真正需要帮助的人们带去实质性的帮助。"

【课程思政教学设计与实施】

本案例主要用在老年保健与管理、护理等专业的"老年照护""安宁疗护"课程中，在介绍老年人安宁照护的"死亡的概念"的知识点时，融入本案例，培养学生正确的生死观。

课前：通过学习通平台下发自主学习任务，请同学们以小组为单位，结合自身经历谈谈对死亡的认识并整理成文稿上传至学习通平台。

课中：在介绍"死亡的概念"知识点时，随机请1～2组代表上台分享他们对死亡的感悟，每组代表分享后给1～2分钟时间，请讲台下的其他同学发表他们在听小组代表分享时自己的感悟，最后教师进行总结，倡导学生科学看待死亡，树立正确的生死观，培养学生医者仁心、大爱无疆的精神。

（廖艳芳）

案例3

儿女赡养106岁母亲，让她从瘫痪褥疮中康复

【课程思政素材】

广州五仙观旁甜水巷，106岁的李老太太在这里住了半个多世纪。

2016年5月，大约凌晨一点，李老太太起夜摔倒，三天后进了ICU。"出院后，用轮

椅抬回家，老母亲基本上是瘫痪状态，两个人都拉不起来，扶也扶不了，喂她吃东西，不会动，拉尿依赖尿管。”儿子谭某说。

有一天，谭某突然发现，老母亲尾椎骨旁有一块掌心大的红斑。红斑迅速扩大，渗出液体。咨询医生，说这是褥疮。老母亲瘫痪，去医院很困难，医院也没有医生上门服务。“到底是哪一天？哪没做好？”他后悔、痛心。褥疮开始恶化，疮面变大，渗液发出难闻的气味。谭某请了两个当医生的学生来家里，他们看过后都摇头。谭某和姐姐、妹妹们决定：买药，自己清洗褥疮。

清洗后的褥疮需要包扎。纱布厚了，不透气；薄了，一碰到就会痛。谭某跑了很多医院，看门诊医生包扎伤口。偷师学艺，他成了半个医生。

“最严重的时候，褥疮长 11 厘米，宽超过 5 厘米，烂进去有 1 厘米深，每一次清洗，我都怕。”他说。保姆扶住老人，最小的妹妹帮手。里面渗出来的东西，很稠，黄白色，像膏一样。他们用棉签伸进去，一点一点地沾出来。老母亲能忍，最痛的时候，只是“哎哟哎哟”哼几声。

3 个月后，疮面变小了，从巴掌大到鸡蛋大，颜色由鲜红变暗，慢慢地，表面结了一层黑痂，硬硬的。

【课程思政教学设计与实施】

本案例主要用在老年保健与管理、护理等专业的“老年照护”“基础护理技术”课程中，在介绍老年人压疮发生的原因、症状、预防及处理措施时，融入本案例。在讲解压疮相关知识的同时，培养学生孝老爱老之心。

课前：通过学习通平台发放案例，下发自主学习任务，请同学们以小组为单位，根据案例内容完成角色扮演，并录制视频上传至学习通平台。

课中：在讲解压疮发生的原因、症状、预防和护理措施等知识点时，融入此案例。选取播放课前学生录制的相关视频片段，请该组成员分享自己的体会。请台下的其他同学分享自己在日常生活中孝敬父母及长辈的一些事迹。最后教师进行总结，培养学生的孝老意识。

（廖艳芳）

案例 4

哈佛女孩成为养老院院长

【课程思政素材】

34 岁的陈思是辽宁省沈阳市浑南区天柱山（远大）养老公寓的院长。由于服务热情周到，她被入住养老公寓的老人们亲切地称为“全能孙女”。除了“全能孙女”这个称号，陈思身上还有许多标签，如美国哈佛大学硕士、华尔街金融公司猎头等。

2013 年，陈思放弃了美国的高薪工作，回到家乡沈阳，从家人手中接过养老院。

在回国初期，许多人不解，有着高学历、高薪的陈思为何要接手养老院，同时对她能否经营好养老院抱有疑问。不过，在陈思看来，自己并非心血来潮，而是水到渠成。在哈佛求学期间，陈思攻读的是人类发展与心理学专业。此外，她经常利用周末时间去考察当地养老院，研究国外的养老体系和经营理念，为自己回国发展奠定了基础。接手养老院后，陈思不仅担任院长，还兼任院内的心理咨询师、营养师以及兼职护工等。经过近 9 年的经营与发展，陈思的养老院目前已住进了近 500 位老人。天柱山（远大）养老公寓连续两次被评为市级“五星级养老机构”，并先后荣获“辽宁省养老机构达标单位”“沈阳市医养结合示范单位”和“老年人最喜欢的老年公寓”等荣誉。

【课程思政教学设计与实施】

本案例主要用在老年保健与管理专业的“养老机构运营管理”课程中，在讲授“养老机构的人力资源管理”时融入本案例。

课前：通过学习通平台下发案例，要求学生自主学习，写出感触，形成文档，上传至学习通平台。

课中：在介绍养老机构核心领导班子创建时，随机抽取 2 ~ 3 名学生分享他们对案例的感触，并谈谈成为一名优秀的养老机构管理者需要具备哪些素养。最后老师进行总结，倡导学生学习陈思爱岗敬业、甘于奉献的精神。

（黄　菊）

案例 5

5·25 鲁山养老院火灾事故

【课程思政素材】

2015 年 5 月 25 日 20 时左右，河南省鲁山县的一个老年康复中心发生火灾。事故造成 39 人死亡、6 人受伤，过火面积 745.8 平方米，直接经济损失 2064.5 万元。

调查认定，该事故为生产安全责任事故。事故原因是养老机构不能自理区电器线路接触不良发热，高温引燃周围的电线绝缘层、聚苯乙烯泡沫、吊顶木龙骨等易燃材料，造成火灾。吊顶空间整体贯通，使火势迅速蔓延，导致整体建筑短时间内垮塌损毁。不能自理区的老人无自主活动能力，无法及时自救，造成重大人员伤亡。

【课程思政教学设计与实施】

本案例主要用在老年保健与管理专业的“养老机构运营管理”课程中，在讲授“安全设施设备和消防安全实施管理”的知识点时，融入5·25鲁山养老院火灾事故案例。

课前：通过学习通平台将案例资料下发给学生，要求学生分组讨论火灾发生的原因及防范措施，并将讨论的结果上传至学习通平台。

课中：在介绍“安全设施设备和消防安全实施管理”的知识点时，随机抽取2~3组学生代表分享火灾发生的原因及防范措施。最后老师进行总结，倡导学生秉持“生命至上，安全第一”的理念。

（黄　菊）

案例6

沟通从心开始

【课程思政素材】

一把坚实的大锁挂在大门上，一根铁杆费了九牛二虎之力，还是无法将它撬开。钥匙来了，他瘦小的身子钻进锁孔，只轻轻一转，大锁就“啪”的一声打开了。铁杆奇怪地问：“为什么我费了那么大力气也打不开，而你却轻而易举就把它打开了?”钥匙说：“因为我最了解他的心。”

【课程思政教学设计与实施】

本案例主要用在老年保健与管理专业的“老年人沟通技巧训练”课程中，在讲授“运用语言沟通技巧共情”的知识点时融入本案例。

课前：在学习通平台导入案例，要求学生自学，分组讨论共情的技巧。

课中：在讲授与老年人语言沟通的共情的知识点时，请2名学生回答共情的技巧，请学生进行点评，最后老师总结，引导学生在与老年人进行沟通时，要站在老年人的角度看问题，要做到“细心、耐心、责任心”。

（黄　菊）

案例7

切实解决老年人运用智能技术困难

【课程思政素材】

国务院办公厅印发《关于切实解决老年人运用智能技术困难的实施方案》（简称《实施方案》），聚焦老年人日常生活中的高频事项，就破解老年人在运用智能技术时遇到的种种“痛点”“堵点”做出重要部署，提出相关要求。《实施方案》公布后，在社会上引起巨大反响，赢得了包括老年人在内的广大人民群众的称赞。这充分反映了党和国家对老年人的特别关怀，突出展现了中国特色社会主义制度的无比优越。

【课程思政教学设计与实施】

本案例主要用在老年保健与管理专业的“老年活动策划”课程中，在介绍“老年人智能手机学习活动的策划背景”时，融入《关于切实解决老年人运用智能技术困难的实施方案》。

课前：通过学习通平台下发自主学习任务，请同学们以小组为单位，学习《关于切实解决老年人运用智能技术困难的实施方案》，感受党和国家积极解决老年人面临的困难、绝不让两亿多老年人在信息化进程中落伍掉队的决心，将感悟上传至学习通平台。

课中：在介绍“老年人智能手机学习活动的策划背景”时，随机请1～2组代表上台分享他们组对《实施方案》的感悟，每组代表分享后给1～2分钟时间，请讲台下的其他同学发表他们在听小组代表分享时自己的感悟，最后教师进行总结，倡导学生尊老、孝老、敬老，体会中国特色社会主义制度的无比优越。

（王　李）

案例8

志愿者服务居家养老

【课程思政素材】

阳光明媚的四月，春暖花开，和风习习，九竹社区居家和养老服务站前的空地上，老人们三三两两，坐在小板凳上，或交谈，或晒太阳，悠闲地等待着。

一旁，开展“金剪刀”服务的志愿者正挥动着手中的剪刀，给一位老人理发。老人略显凌乱的发丝在她娴熟的操作下，很快被修理得整整齐齐。“您瞅瞅，咋样？”理完发，志愿者将一面小镜子递给老人。"精神！一下子变年轻了，谢谢啦！"老人一边端详一边夸赞，别提多高兴了。

另一边，"金手指"服务的"摊位"上，志愿者贾风明也很忙碌。他的椅凳旁摆放着菜刀、剪刀、剁骨刀等刀具。"以前，切菜刀、剪刀用钝了不知道去哪磨，现在，每个月都能到'金手指'这来，可省心了。"一位老人说。

老人们七嘴八舌地聊起来，纷纷夸赞社区的志愿服务做得好。

现如今许多家庭，子女外出务工，家里只剩下孤零零的老人。这些老人平时缺少关爱，心中产生了孤独感和寂寞感。尤其是独居老人，更需要帮助。在石嘴山市青鸟颐居养老服务有限公司的支持下，九竹社区和居家养老服务站不断探索创新居家养老服务新模式，成立了"青春伴夕阳"志愿服务队。本着便民、利民、为民的原则，服务站重点针对空巢、独居老人等群体，进一步提升服务水平，提升老年人生活质量，打造了"金手指""金剪刀""精保健""精关爱""金点子"五种服务模式，让老人们享受到家庭保姆式的服务。

【课程思政教学设计与实施】

本案例主要用在老年保健与管理专业的"老年活动策划"课程中，在介绍"社会团体关爱老年人团体活动策划"内容时，融入本案例。

课前：通过学习通平台下发自主学习任务，请同学们以小组为单位，搜集养老服务机构的案例，并且写出感想，上传至学习通平台。

课中：在介绍"社会团体关爱老年人团体活动策划"内容时，随机请 1 ~ 2 组代表上台分享他们组在课前搜集的案例及对案例的感悟，每组代表分享后给 1 ~ 2 分钟时间，请讲台下的其他同学发表他们在听小组代表分享时自己的感悟，最后教师进行总结，倡导学生形成"老吾老以及人之老"的意识。

（王　李）

案例 9

建立完善老年健康服务体系

【课程思政素材】

新华社北京 2019 年 11 月 1 日电，国家卫健委等 8 部门联合出台的《关于建立完善老年健康服务体系的指导意见》（简称《意见》）于 1 日公布，国家卫健委老龄健康司司长王海东在新闻发布会上表示，这是我国首个关于老年健康服务体系的指导性文件。

"患有一种以上慢性病的老年人比例高达 75%，失能和部分失能老年人超过 4000 万，老年人对健康服务的需求非常迫切。”王海东表示。

按照老年人的健康特点和老年人对健康服务的需求，《意见》围绕健康教育、预防保健、疾病诊治、康复护理、长期照护、安宁疗护 6 个环节，提出了具体工作任务。此外，《意见》还提出 6 项保障措施，包括强化标准建设、政策支持、学科发展、队伍建设、信息支撑和组织保障。

《意见》提出了 3 项具体量化工作指标。一是到 2022 年，二级及以上综合性医院设立老年医学科的比例达到 50% 以上。二是 80% 以上的综合性医院、康复医院、护理院和基层医疗卫生机构成为老年友善医疗卫生机构。三是基层医疗卫生机构护理床位占比达到 30%。

【课程思政教学设计与实施】

本案例主要用在老年保健与管理专业“老年健康管理”课程中，在介绍“老年健康管理的兴起”的知识点时，融入《关于建立完善老年健康服务体系的指导意见》。

课前：通过学习通平台下发自主学习任务，请同学们以小组为单位，搜集关于建立老年人健康服务体系的相关政策，上传至学习通平台。

课中：让同学们对所查资料进行汇报，教师进行总结，倡导学生积极投身老年健康事业。

（李美琳）

案例 10

运动达人王德顺

【课程思政素材】

2015 年 3 月 25 日，在中国国际时装周一场以“东北大棉袄”为设计元素的时装发布会上，一位须发皆白的 79 岁老者赤裸上身登上 T 台，引发轰动。观众回忆：“大家一看他光着膀子出来，都‘high’了，简直是仙风道骨，直接秒杀‘小鲜肉’。”老者在开场时身着绿花大袄、大棉裤和千层底黑布鞋，演绎了一段回忆年轻时爱情的哑剧片段，引出模特走秀。谢幕时他再次出现，赤裸上身，显现出他结实的胸肌，这位老人就是王德顺。

王德顺，1936 年出生于沈阳，人体艺术大师、电影演员。王德顺嗓音洪亮、中气十足、思维清晰。据他介绍，他的身材塑造得这么好，得益于他每天都坚持锻炼，同时，他还有一颗年轻的心。

王德顺自己说，他的身材底子本身就比较好，不过父母给的是骨架，肌肉得靠自己练。他是50岁的时候，为了演哑剧才开始到健身房健身的。后来继续健身是为了创作“活雕塑”。他每天要在健身房锻炼4小时，各种器械都练。“当然现在的强度没那么大了，但每天也至少保证2小时锻炼，包括游泳1小时、上器械锻炼1小时。我平时还喜欢滑冰，每周滑1次。”王德顺说。

【课程思政教学设计与实施】

本案例主要用在老年保健与管理专业“老年健康管理”课程中，在介绍“老人的运动指导”的知识点时，融入79岁老者王德顺走T台的视频及新闻报道。

课前：通过学习通平台下发自主学习任务，请同学们以小组为单位，搜集关于王德顺走T台的视频及新闻报道，并且写出感想，上传至学习通平台。

课中：在介绍“老人的运动指导”的知识点时，随机请1组代表上台分享他们组在课前搜集的资料及他们的感悟，分享后给1～2分钟时间，请讲台下的其他同学发表他们在听小组代表分享时自己的感悟，最后教师进行总结，倡导学生积极投身老年健康事业。

（李美琳）

案例11

养老机构老人噎食死亡事件

【课程思政素材】

2002年5月8日，67岁的王某被送至大兴区某养老院接受托养，王某的女儿与养老院签订了养老入院合同。2005年12月9日早晨，王某在养老院食用早餐时发生噎食，经抢救无效死亡。12月24日，大兴公安分局对王某尸体进行法医学鉴定，结论为“不排除哽死”。2006年3月30日，王某的3个女儿将养老院告上法庭。

调查发现，养老院并未对王某进行老年人综合能力评估及建立健康评估档案，而老人在2000年出现过脑梗死，后来没有明显肢体活动障碍，但进食偶有呛咳情况。老人入住谈话记录上并未记录老人脑梗死病史，也没有进一步进行吞咽功能检查，所以没有记录老人存在吞咽障碍的情况，没与家属交代噎食风险。

【课程思政教学设计与实施】

本案例主要用在老年保健与管理专业的“老年人综合能力评估”课程中，在介绍“吞咽功能评估的必要性”的知识点时，融入养老机构老人噎食死亡的案例。

课前：通过学习通平台下发自主学习任务，请同学们以小组为单位，搜集吞咽功能评估的必要性的相关资料，上传至学习通平台。

课中：在介绍“吞咽功能评估的必要性”的知识点时，随机请 1 ~2 组代表上台分享他们组在课前搜集的资料，每组代表分享后给 1 ~2 分钟时间，请讲台下的其他同学发表他们在听小组代表分享时自己的感悟，最后教师进行总结，倡导学生培养安全意识。

（李美琳）

第十二章　卫生信息篇

案例 1

大数据技术在医疗行业中的应用

【课程思政素材】

在加拿大多伦多的一家医院，针对早产婴儿，每秒钟有超过 3000 次的数据读取。通过这些数据分析，医院能够提前知道哪些早产儿出现了问题并且有针对性地采取措施，避免早产婴儿夭折。通过健康类 App 搜集的数据能让医生给患者的诊断变得更为精确。如检测到血液中药剂已经代谢完成时能自动提醒再次服药，而不是通用的“成人一日 3 次，一次 1 片”等。

【课程思政教学设计与实施】

本案例主要用在卫生信息管理专业的“数据库及其医学应用”课程中，在介绍“数据库概述”知识点时，融入大数据技术在医疗行业中的应用的案例。

课前：通过学习通平台发布“数据库与大数据的区别”“大数据在医学领域的应用”视频，要求学生自学，了解相关内容。

课中：在介绍“数据库概述”的知识点时，随机请 1 ~ 2 名学生代表上台，谈一谈数据库与大数据的区别，大数据在医学领域中有哪些应用。最后教师进行总结，使学生对本课程有更清晰的了解，提高学生的学习兴趣，激发学生对新技术的学习热情。

（肖云波）

案例 2

篡改病例案件

【课程思政素材】

李某，女，30 岁，3 月 17 日在某医院剖宫产一男婴，手术顺利。19 日 8 时 30 分，李某起床上厕所时突然出现晕厥，医务人员立即将其抬至病床，实施床旁抢救。20 日凌晨 1 时 40 分，患者抢救无效死亡。后经尸体解剖鉴定：死者因多发性肺动脉栓塞及大量出血而死亡。

法院综合双方观点认为，医务人员对临时医嘱单、长期医嘱单及病史记录中某些书写内容采取涂改、刮擦等方法掩盖或去除原来的字迹进行修改，其修改方法不符合病历书写基本规范，修改前后的字迹难以辨别，对修改内容的真实性亦难以认定，故对医院提供的病史资料中涂改内容的真实性不予确定，该病历不具有证据效力。法院最终判令医方承担 30% 的民事赔偿责任，判决医院赔偿死亡赔偿金、丧葬费、被抚养人生活费等共计人民币 9 万元。

《医疗纠纷预防和处理条例》第十五条规定，医疗机构及其医务人员应当按照国务院卫生主管部门的规定，填写并妥善保管病历资料。因紧急抢救未能及时填写病历的，医务人员应当在抢救结束后 6 小时内据实补记，并加以注明。任何单位和个人不得篡改、伪造、隐匿、毁灭或者抢夺病历资料。

【课程思政教学设计与实施】

本案例主要用在卫生信息管理专业的“数据库及其医学应用”课程中，在介绍“数据表的添加、修改、删除”的知识点时，融入篡改病例案件，带领学生学习《医疗纠纷预防和处理条例》。

课前：通过学习通平台下发自主学习任务，请同学们以小组为单位，自学篡改病例案件和《医疗纠纷预防和处理条例》，写出感悟和心得，上传至学习通平台。

课中：在介绍“数据表的添加、修改、删除”知识点时，随机请 1 ~ 2 组代表上台分享他们组在课前总结的感悟和心得，最后教师进行总结，教育学生在今后的学习工作中，要遵纪守法，不得篡改、伪造、隐匿、毁灭或者抢夺病历资料，录入或修改数据时，要保持数据的真实性。

（肖云波）

案例 3

互联网医院服务疫情防控期间就诊

【课程思政素材】

根据疫情防控需要，为更好地满足市民群众的就医需求，秉着“我为群众办实事”的理念，广东药科大学附属第一医院举办了互联网医院揭牌仪式，决定于 2021 年 6 月 15 日正式上线广东药科大学附属第一医院互联网门诊，开展复诊、患者线上就诊、网上开药、药品配送到家等服务，进一步方便患者就医，减少因人员流动带来的疫情传播风险。

“我是高血压老病号，我的药吃完了，要来医院复诊……但我的年纪大，身体也不好，现在疫情形势严峻，不想老往医院跑，有没有更好的办法呢？”李奶奶在医院就诊入口焦急地询问导诊人员。

疫情防控期间，许多像李奶奶这样需要经常到医院就诊的常见病、慢性病患者陷入焦虑。在这种背景下，互联网医院成为患者的最佳选择。广东药科大学附属第一医院互联网医院的上线，为患者提供了方便。优质的网上就医服务，满足了常见病、慢性病患者的迫切就医需求。

【课程思政教学设计与实施】

本案例主要用在卫生信息管理专业的“医院管理实务”课程中，在讲述“医院服务创新”的知识点时，融入互联网医院的案例。

课前：通过学习通平台下发自主学习任务，要求学生自行搜集医院服务创新的有关资料，了解医院服务创新的现状和未来发展趋势。

课中：通过案例学习，在疫情防控的新环境下，医院服务工作需要做到“我为群众办实事”，想民所想，急民所急。医院应结合先进科学技术，尽可能地为患者及家属提供创新服务工作。

（何恒波）

案例 4

医院护理管理

【课程思政素材】

这天跟往常一样，外科病房一片繁忙景象。

护士站挤满了人，好几个新病人同时入院。刚好有一个骨盆骨折、肾挫裂伤的急诊病人送上来了，患者面露痛苦，陪同家属也非常着急，问：“我们是急诊上来的，住几号房间？病人现在很痛，先来帮我们解决一下床位啊！”责任护士小李见状，立即走过来将患者带到3床，对家属说：“家里人赶紧把病人抬上床去，不要站在那里不动，病人躺在床上不要乱动，要绝对卧床休息，包括在床上大小便，规章制度我和你们说一下，病房里不许大声喧哗，不许抽烟喝酒，贵重物品自己放好，吃饭都要统一在病房吃……”家属站在一旁已经表现得很不耐烦了。“你跟我们讲这些东西干什么，病人都那么痛了，快把医生叫来，我们是来看病的，不是来听你们讲什么规章制度的！”患者儿子很生气，讲话语气也比较重。小李说：“管床的医生都在手术室没回来，现在没医生，你们先把病人放床上躺着吧，等医生手术完了会来看的。”患者的儿子一听就更加生气了，破口大骂：“你们什么态度啊，病房里没医生，要让病人痛死啊！我要投诉你们！”

护理部主管看到这种情况，先出面处理了急诊病人的就诊情况，后把责任护士小李叫到办公室，向她说明：“急诊患者不比普通患者，他们病情更重，刚才来的患者腰部疼痛明显，首先要解决的是帮他镇痛，叫医生来查看病情，而不是一味做入院宣教。即使医生都不在，也应该先安抚患者情绪，电话报告医生病情，及时对症处理。护理知识应该活学活用，而不是一味地生搬硬套。”

【课程思政教学设计与实施】

本案例主要用在卫生信息管理专业的“医院管理实务”课程中，在讲述“医院护理工作制度和护理应急预案的处理程序”的知识点时，融入该案例。

课前：通过学习通平台下发自主学习任务，请同学们以小组为单位，将入院患者护理拍成视频短片，上传至学习通平台。

课中：让学生从伦理、道德、职业素养等方面讨论作为一名护士应该怎么做，从而加深对医院护理工作制度和护理应急预案的处理程序的掌握及应用。

（何恒波）

案例5

达克宁乳膏假药事件

【课程思政素材】

某药品监督管理局在某医疗机构检查时发现，该医院使用的达克宁乳膏（标示为西安杨森制药公司001120778）的包装印字，色泽与正品不一致，即对该乳膏进行了抽样检验，并将样品寄至西安杨森制药有限公司质量部进行确认。经检验，结果符合药品质量规定，但西安杨森制药公司质量部确认该乳膏为假冒产品。

某药品监督管理局在此次检验结束后，勒令该医院销毁此批达克宁乳膏，并责成医院主管部门追查此批药品的进货渠道，对相关部门和责任人进行处分，并加大对该医院的其他药品的抽检率，严格检验程序。

【课程思政教学设计与实施】

本案例主要用在卫生信息管理专业的“医院管理实务”课程中，在讲述“医院药事管理工作的意义及工作制度”等知识点时，引入达克宁乳膏假药案例。

课前：通过学习通平台下发自主学习任务，请学生搜集相关新闻报道、医院医疗纠纷案件，让学生了解医院药品质量管理的重大意义。

课中：对达克宁乳膏假药案例进行讨论，要求学生遵法守法，遵守职业道德，认真贯彻执行《药品管理法》，把好医院药品质量关。引导学生知悉，虽然抽检药品符合要求，但是对所有药品的质量稳定性和安全性，不能抱有侥幸心理，一定要严格执行《药品管理法》，杜绝任何因药品不符合规定引起的医疗纠纷。

（何恒波）

案例 6

医院信息系统数据安全管理

【课程思政素材】

目前国内的各等级医院中，数字化建设都是现代医疗建设不可缺少的部分。医院信息系统的建设为医院的管理人员及医护人员都带来了极大的便利，电子病历代替了传统的手写病例，实现了各部门之间的无纸化信息交流。系统的信息集成功能为医生及时全面了解患者的各种诊疗信息提供了良好的保证，帮助其快速准确地对病患的病情做出诊断。此外，通过开发各种辅助诊疗系统，也能够显著提升检查结果的准确性，降低医疗人员的误诊率。由于医院的特殊性，作为一个联机事务系统，需要维持全年 365 天全天 24 小时无休运转，系统一旦投入使用，不允许中断，也绝对不允许数据丢失，稍有不慎便有可能导致灾难性的损失。因此，医院信息系统的数据安全问题至关重要。

在医院积极推动信息化建设的同时，信息安全的威胁始终存在，而且呈现愈演愈烈的势头。比如，2017 年 9 月《法制日报》报道了一家医院的服务信息系统遭到黑客入侵，被泄露的公民信息多达 7 亿多条，8000 多万条公民信息被贩卖。随着信息时代的不断发展，大数据成为一种具有巨大潜在价值的市场资源，而医疗数据中包含患者姓名、年龄、居住地址、电话、病史、银行账户等信息，自然成为一些不法分子争相抢夺利用的“香饽饽”。因此，如何加强医院信息安全管理成为医院提高医疗卫生服务质量，以及我国医疗卫生事业健康发展过程中面临的重要难题。

【课程思政教学设计与实施】

本案例主要用在卫生信息管理专业的“医学信息技术应用”课程中，在介绍“医院信息系统数据安全管理”和“电子病历安全管理功能的设计与实现”的知识点时，融入医院信息系统数据安全管理案例。

课前：通过学习通平台下发主题讨论：目前，各大医院都已经开始实施电子病历，在电脑上写病历，安全吗？我们的隐私会不会泄露？请说出你的想法和理由。

课中：教师根据学生的主题讨论，总结医院信息系统的安全管理措施，并指出在安全管理方面面临的问题，列举医院信息系统数据的安全事故。最后指出，在使用医院信息系统的过程中，我们应增强安全观念，保护患者的隐私。

（张　婵）

案例 7

医疗信息化的发展历程及医疗信息化行业政策解读

【课程思政素材】

我国医疗信息化建设的研究和实践起步较晚，但在国家政策的大力支持和推动下，医疗信息化建设发展迅速。我国国民经济“十五”计划至“十四五”规划，国家对医疗信息化的支持政策经历了从“适当推进”到“加快发展”再到“积极全面推进”的变化。

“十五”计划（2001—2005 年）至“十一五”规划（2006—2010 年）时期，国家层面提倡：在发展信息产业时，适当推进医疗领域的信息化。从“十二五”规划开始，明确了加强医疗卫生领域的信息系统建设。“十三五”规划期间，明确了发展互联网医疗、远程医疗和智慧医疗，推进医疗信息化全面发展。到“十四五”规划时期，根据《“十四五”规划和 2035 年远景目标纲要》，医疗领域数字化建设和智慧医疗建设成为“十四五”规划时期的重要任务。

在国家政策的推动下，医院信息化建设成为增强医院竞争力与创新力的关键，它不仅能将医患、服务、养老等各医疗组成部分的信息实现互联，而且能够优化医疗健康服务流程，创新医疗健康服务方式，最终实现医疗资源使用效率的提高和全民健康水平的提升。

【课程思政教学设计与实施】

本案例主要用在卫生信息管理专业的“医学信息技术应用”课程中，在介绍“医院信息系统的发展”时，融入医疗信息化行业政策解读。

课前：通过学习通平台下发自主学习任务，请同学们以小组为单位，搜集医疗信息化发展每个阶段的时间、事件和要点，以及国家颁布的有关医疗信息化的政策和主要内容，以表格的形式罗列出来并上传到学习通平台。

课中：教师在介绍医疗信息化的发展历程时，随机选取 1 ~ 2 个小组上台展示搜集的资料。然后教师提出问题：医疗信息化的作用是什么？这些政策颁布的目的是什么？

（张　婵）

案例8

用信息化手段守护医患健康

【课程思政素材】

不出家门就能复印病历，还能直接邮寄上门？没错，这是哈尔滨市第一医院“我为群众办实事”创新服务中的一项内容。

为了方便患者复印病历，远离新冠病毒感染风险，该院推出多种“免接触”“不见面”服务模式，并提醒市民特殊时期可尽量选择“网上预约”来完成病历复印和邮寄。

疫情防控期间，为了减少交叉感染，哈尔滨市第一医院病案室开设室外窗口，全流程均在室外一站式进行。如果选择“预约自取”，完成付费，出院10天后，在工作时间内，携带患者身份证，预约病历付费截图，随时可以到位于石头道街55号的哈尔滨市第一医院4号窗口打印病历，不用进入医院，在室外就可取回病历。按照疫情防控要求，办理者需要扫描健康码和行程码，“绿码”才能到窗口办理。

如果选择“邮寄服务”，完成付费后，邮政服务会出示快递单号，方便查阅，然后等待病历邮寄到家，省心又省力。

此外，疫情防控期间，为了减少患者来院，通过关注“哈尔滨市第一医院”微信公众号，也可以办理病历预约打印、病历邮寄服务。足不出户，动动手指，在家就可以办理病历打印业务，方便、快捷又安全。

对于那些不方便或不熟悉网络操作的老年人及特殊群体，哈尔滨市第一医院病案室窗口为他们保留了“人工通道”，提供人工病历打印服务。办理人只需携带患者身份证、代办人身份证，扫描健康码和行程码，“绿码”就可以在窗口调取病历。

责任在心中，服务无止境。哈尔滨市第一医院坚持“以病人为中心”，积极为群众办实事，让群众在“看病不求人”“最多跑一次”的信息化中切实感受到“大事”化繁为简，“小事”做到精细的就医体验。“技术创新 + 优质资源”双轮驱动，为群众提供了更好、更细、更便捷的医疗服务。

【课程思政教学设计与实施】

本案例主要用在卫生信息管理专业的“医学信息技术应用”课程中，在讲授“医院信息系统概述”时，融入“信息化手段守护医患健康”素材。

课前：通过学习通平台下发自主学习任务，请同学们以小组为单位，搜集疫情防控期间，医院采用了哪些信息技术手段，并制作成PPT，上传至学习通平台。

课中：教师在讲授“医院信息系统概述”时，选取1～2个小组上台展示他们搜集的医院采用的信息技术手段，并分享他们的感悟。教师进行点评：在疫情防控期间，我们各行各业的劳动者都默默奉献在控疫一线，而利用信息化手段减少医疗物资消耗，预防和降低交叉感染风险，为医务人员和患者提供安全有效的信息保障，是当下卫生信息人的职责所系，也是价值所在。

（张　婵）

案例 9

遵守交通秩序，珍爱生命健康

【课程思政素材】

12 月 2 日是全国交通安全日。中国已经成为名副其实的汽车大国，交通工具越来越多，人们生活出行越来越方便快捷，但随之而来的是道路交通安全问题越发突出。国家统计局的数据显示，2018 年，全国发生交通事故 244937 起，死亡人数 63194 人，造成直接财产损失 138455.9 万元。这也意味着，几乎平均每 8 分钟就有 1 人因车祸死亡。

【课程思政教学设计与实施】

本案例主要用在“病案信息学”课程中，在介绍“交通事故分类编码”知识点时，融入交通安全理念。

课前：通过学习通平台下发自主学习任务，请同学们了解交通事故的种类及危害，思考如何避免交通事故。

课中：在介绍“交通事故分类编码”知识点时，随机请 1 ~ 2 个同学讲述他们所了解的交通事故的种类及危害。教师进行总结，告诫同学们应该遵守交通规则，避免危害发生。

（刘　青）

案例 10

“肺痨”不可怕，结核可防可治

【课程思政素材】

在 20 世纪 50 年代以前，肺结核属于绝症。中国古代有“痨病”的说法，《红楼梦》中的林黛玉，电视剧《庆余年》中的林婉儿，鲁迅笔下吃“人血馒头”的华小栓，都患有“肺痨”，在当时都是绝症。1944 年，全球第一种抗结核药链霉素问世。随着医学的发展，肺结核已经不再是绝症，而是完全可以治疗和治愈的疾病。但是近年来，肺结核又有日渐抬头的趋势。2017 年 8 月 19 日，湖南某县一所中学发生肺结核病突发公共卫生应急事件，该校高三某班有学生被确诊为肺结核，随后该班多名学生陆续感染。截至 2017 年 11 月 24 日 20 时 30 分，该中学共报告肺结核确诊病例 81 例、疑似病例 7 例。该县的一所中专学校也报告肺结核确诊病例 9 例、疑似病例 3 例。近年来，各地陆续有学校聚集性肺结核病例的报道。《2020 年全球结核病报告》中指出，2019 年全球有 1000 万人患有肺结核，约有 140 万人死于肺结核。

【课程思政教学设计与实施】

本案例主要用在“病案信息学”课程中，在介绍“结核编码”知识点时，融入科学防控结核知识，体现我国以人为本的公共卫生理念。

课前：通过学习通平台下发自主学习任务，请同学们了解肺结核的基础知识，认识肺结核，了解日常如何防范肺结核。

课中：在介绍“结核编码”知识点时，随机请 1 ~ 2 组同学讲述肺结核是什么样的疾病，可以造成怎样的危害，并举例说明日常生活中我们如何科学地防范肺结核。

（刘　青）

案例 11

全国一盘棋，上下一条心抗疫

【课程思政素材】

2020 年，一场突如其来的疫情无情地肆虐着中华大地，其元凶被判定为：新型冠状病毒。这次疫情对全社会都是一场考验。2020 年 1 月 20 日，习近平总书记对新型冠状病毒肺炎疫情做出重要指示，强调把人民群众生命安全和身体健康放在第一位，坚决遏制疫情蔓延势头。1 月 23 日，武汉“封城”。随后，多个省市启动重大突发公共卫生事件一级响应。以习近平同志为核心的党中央统一指挥、统一部署、统一调度，举全国之力，组织调派 330 多支医疗队、4 万多名医护人员紧急驰援。火神山、雷神山仅用不到 10 天的时间建成并交付使用，10 余家方舱医院迅速开设，这是从未有过的一种创举。全国人民同舟共济、齐心协力、沉着应战，用 1 个多月的时间初步遏制了疫情蔓延势头，用 3 个月左右的时间取得武汉保卫战、湖北保卫战的决定性成果，进而又接连打了几场局部地区聚集性疫情歼灭站，取得了全国抗疫斗争重大战略成果。

面对新型冠状病毒，接种疫苗是最有效的预防措施。为建立有效保护屏障，2020 年 12 月 15 日，我国正式启动重点人群新冠病毒疫苗接种工作。2021 年 3 月下旬开始，加快推进国民全人群免费接种。这一系列重要举措，旨在让疫苗最大限度惠及群众。截至2021年9月18日，全国新冠病毒疫苗接种总人数超11亿，占全国人口的78%。接种总剂次和覆盖人数均居全球首位，人群覆盖率位居全球前列。

【课程思政教学设计与实施】

本案例主要用在“病案信息学”课程中，在进行编码教学时，融入抗疫案例。

课前：通过学习通平台下发自主学习任务，请同学们了解新型冠状病毒肺炎，了解日常防疫措施。

课中：在介绍“特殊疾病的编码”（对新发生的不明原因疾病的临时安排）时，随机请1～2个同学讲述他们所了解的新型冠状病毒肺炎的表现，以及我国采取了哪些防疫措施。

（刘　青）

案例 12

中国内镜第一人周平红

【课程思政素材】

1992年，周平红从上海医科大学本科毕业，成为复旦大学附属中山医院的一名普外科医生。1994年，出于“想多学一门技术”的朴素想法，他开始学习消化内镜技术，成为当时为数不多的“一手拿刀，一手持镜”的外科医生。2004年，他的内镜技术已然娴熟。2006年，他开始涉足内镜治疗领域，在国际内镜学界崭露头角。

周平红教授是中国内镜界的传奇人物。从最初默默无闻的外科医生，到如今鼎鼎大名、各大国际内镜会议的座上宾，周平红的内镜路堪称传奇。10年前，治疗早期消化道癌的最先进手术——内镜黏膜下剥离技术，中国还落后于日本。10年后的今天，周平红的内镜黏膜下剥离技术却成了包括日本医生在内的国际内镜医生学习的标杆。他所在的上海中山医院，是国内开展时间最早、治疗病例数最多，能同时对早期食管癌、胃癌和大肠癌进行内镜黏膜下剥离术治疗的医疗机构。

【课程思政教学设计与实施】

本案例主要用在“病案信息学”课程中，在介绍“内镜的检查与治疗编码”知识点时，融入周平红的事迹。

课前：通过学习通平台下发自主学习任务，请同学们了解内镜的相关知识，了解周平红的事迹。

课中：在介绍“内镜的检查与治疗编码”时，随机请1～2个同学讲述他们所了解的周平红的事迹。

（刘　青）

案例13

务实认真，遵守医保制度

【课程思政素材】

中国自20世纪50年代逐步建立起医疗保险体系。医疗保险制度保障了职工身体健康、减轻了职工家庭负担。但是这一利民举措却被有心之人作为非法营利的途径。一些定点医疗机构及其工作人员采取的欺诈骗保行为包括：（1）虚构医药服务，伪造医疗文书和票据，骗取医保基金；（2）为参保人员提供虚假发票；（3）将应由个人负担的医疗费用记入医疗保障基金支付范围；（4）为不属于医保范围的人员办理医保；（5）为非定点医药机构提供刷卡记账服务；（6）挂名住院；（7）串换药品、耗材、物品、诊疗项目等骗取医保基金支出；（8）定点医疗机构及其工作人员的其他欺诈骗保行为。

【课程思政教学设计与实施】

本案例主要用在“病案信息学”课程中，在进行“疾病诊断相关分组”教学时，融入求真务实理念。

课前：通过学习通平台下发自主学习任务，请同学们了解医保政策和疾病诊断相关分组的概念。

课中：在介绍“疾病诊断相关分组”知识点时，随机请1～2个同学讲述他们所了解的医保政策。

（刘　青）

案例14

逆行中的病案人高晓艳

【课程思政素材】

高晓艳是青海省互助县中医院的一名职工，她从护士转岗到病案科，主要负责病案首页的质控和编码工作。2020年疫情暴发后，高晓艳自愿报名支援武汉，她负责轻症患者病区，主要工作是按流程给患者测量生命体征、发放口服药物、测量血糖、采集咽拭子标本等基础护理，以及送饭、清理杂乱物品、清理病患垃圾等生活护理。为了更好地服务病人，她下班后也非常注意锻炼身体，舒缓心情。医院给了医护人员减轻压力方面的教材，她尽力多学多记。为了节约防护物资和提高工作效率，他们在工作中不喝水，不去卫生间。她说："虽然穿着防护服干活又闷又热，连续工作 4 小时会出一身又一身汗，得有耐力，不过我能坚持。"

高晓艳是一名优秀的共产党员。从初入职场的那天起，就在互助县计划生育服务行业工作，两年时间里，她成为计生站最优秀的护士，以实际行动践行了一名共产党员的责任和担当。身为一名病案人，她在这些年的工作中，舍小家顾大家，任劳任怨，无私奉献，练就了一手精湛绝伦的护理和编码技术，赢得了许多荣誉。

【课程思政教学设计与实施】

本案例主要用在卫生信息管理专业的"病案与统计"课程中，在介绍"病案信息的组织管理"知识点时，融入逆行中的病案人高晓艳的事迹。

课前：通过学习通平台下发自主学习任务，请同学们以小组为单位，搜集抗疫战斗中病案人的先进事迹，将感触最深的内容制作成 PPT，上传至学习通平台。

课中：在介绍病案科岗位职责的知识点时，随机请 1 ~ 2 组代表上台分享他们组搜集的抗疫战斗中病案人的先进事迹。每组代表分享后给 1 ~ 2 分钟时间，请讲台下的其他同学发表他们在听小组代表分享时自己的感悟。最后教师进行总结，倡导学生学习病案人高晓艳热爱祖国、热爱病案事业、无私奉献、不辞辛苦的崇高精神，培养学生的社会责任感和职业使命感，形成专业认同感。

（陈雅琦）

案例 15

中国病案管理百年发展历史

【课程思政素材】

1921 年，王贤星教授在北京协和医院建立了病案科，成为中国现代病案管理的开端。中国病案管理发展初期，在前辈们的努力下，明确了病案管理的重要性及意义，奠定了病案管理发展的学术基础，并初步形成了病案管理办法及流程，建立了地区及全国病案管理专业学组，使中国病案管理真正实现了从无到有，并且进入飞速发展阶段。

随着中国病案管理进入稳步发展阶段，病案学科得到越来越多医院的重视，制定了相关编码规则及流程，并加强编码人员专业能力，开设专业学历教育，让病案工作人员得到更系统的学习。通过召开各类学术会议和学术培训，病案管理相关信息通过更多的渠道传播。随着新技术的引入，中国病案管理得到飞速发展。

在众多前辈的努力下，中国病案管理的队伍逐渐壮大。一百年来，一代代病案人用自己的双手，在历史的长河中，一砖一瓦建立起病案的辉煌。相信未来，中国病案管理一定会腾飞得更高，不仅为中国医疗卫生制度改革奠定坚实的基础，更会在国际病案领域崭露锋芒！

【课程思政教学设计与实施】

本案例主要用于卫生信息管理专业的“病案与统计”课程中，在介绍“病案管理发展的历史”知识点时，融入中国病案管理百年发展历史。

课前：通过学习通平台下发“中国病案管理百年发展历史”的视频以及讨论，请同学们搜集病案管理发展的历史资料，并且在学习通平台上进行讨论，发表自己的感触与体会。

课中：在介绍“病案管理发展的历史”知识点时，随机请1~2组代表上台分享他们组在课前搜集的病案管理发展的历史资料。每组代表分享后给1~2分钟时间，请讲台下的其他同学发表他们在听小组代表分享时自己的感触与体会。最后教师进行总结，培养学生的社会责任感和职业使命感，形成专业认同感。

（陈雅琦）

第十三章　医学基础篇

案例 1

狂犬病研究专家傅振芳

【课程思政素材】

傅振芳，华中农业大学农业微生物学国家重点实验室教授，“楚天学者”讲座教授，世界知名狂犬病研究专家。傅振芳这辈子最想做的就是消灭狂犬病。

1976 年，傅振芳高中毕业。因为曾经学习过卫生知识，17 岁的他成为乡间的赤脚医生。一年多的时间，他遇到很多被狗咬的病人。“我们知道，被狗咬了不一定会患上狂犬病，但为了安全起见，必须打疫苗。”说到这里，傅振芳脸上又浮起无奈的神色，“那时候的狂犬疫苗副作用非常大，甚至可能会引发与狂犬病患者相似的症状。这种状况难免令人恐慌，而我当时最大的难题就是怎么去跟病人解释。”傅振芳第一次有了无能为力的感觉。“如果能够消除疫苗的副作用，为狂犬病患者带来生存的保障该有多好。”他心里隐隐生出这些念头。

恢复高考后，傅振芳考入华中农业大学兽医专业。在那里，他开始接触微生物细菌病毒研究，希望能将之与狂犬病治疗结合起来。连老师们都记住了这个对狂犬病充满热情的学生。就在他以为要在狂犬病上展开深入探索时，却在毕业后阴差阳错地到了没有狂犬病的新西兰。

兽医学硕士、病毒学博士，他通过对疱疹病毒和轮状病毒的研究获得了学位，却从没忘记过对狂犬病的追求。“每次回国休假时，我都会到湖北省防疫站去调查国家对狂犬病的管理以及每年的病例等情况。拿到博士学位后就想一定要去世界上最好的狂犬病实验室做研究。”他相信，在新西兰近 6 年的时光并没有虚度，在那个没有狂犬病的国度中，他收获了独立科研的方法和理念，也能以更成熟的姿态去面对最初的梦想。1988 年 12 月，美国费城 WISTAR 研究所接受了傅振芳的申请，一扇新的大门向他敞开了。

自此，他在狂犬病研究领域发表期刊论文 128 篇。此外，还有 100 多篇短文及摘要被相关杂志和国际学术会议录用。他的身影也出现在加拿大、法国、泰国、韩国、日本、蒙古等 13 个国家和地区的会场上，先后做了 158 场特邀学术报告，引起了国际同行的高度重视。

【课程思政教学设计与实施】

本案例主要用在临床医学、药学、护理等专业的“病原生物与免疫学”课程中，在介绍狂犬病毒的知识点时，融入傅振芳的生平简介及人生贡献。

课前：通过学习通平台下发自主学习任务，请同学们以小组为单位，搜集傅振芳的生平简介及事迹，将感触最深的内容制作成 PPT，上传至学习通平台。

课中：在介绍狂犬病毒的知识点时，随机请 1 ~ 2 组代表上台分享他们组在课前搜集的傅振芳教授的事迹及他们对事迹的感悟。每组代表分享后给 1 ~ 2 分钟时间，请讲台下的其他同学发表他们在听小组代表分享时自己的感悟。最后教师进行总结，倡导学生学习傅振芳热爱祖国、热爱医卫事业、无私奉献、不辞辛苦的崇高精神。

（左剑斌）

案例 2

抗击新冠肺炎疫情的医护英雄

【课程思政素材】

根据官方通报及公开报道不完全统计，截至 2020 年 2 月 24 日，在抗击新冠肺炎疫情中，全国至少有 9 名医护人员在抗疫中不幸感染新冠肺炎而逝世，年纪最大的 63 岁，最小的仅 29 岁。其中，7 人是在 2 月之前感染发病。同时，至少有 11 名医护人员在抗疫中因积劳成疾、突发心肌梗死、车祸等原因去世。

他们有的是医院院长，带领全院医护人员奋战在抗疫一线，发病后仍在为改造医院、收治病患而忙碌，最后医院改造如期完成，他却被送进了重症监护室；有的是村医，在偏远的乡村地区默默坚守岗位，一位 67 岁村医在抗击疫情中因病去世了，他的儿子接替了他的岗位，继续奋战；有的是 90 后医生，29 岁丈夫没法向妻子兑现迟到了两年的婚礼，同样 29 岁的妈妈留下了 2 岁的孩子，孩子还不知道她去世的消息……

“健康所系，性命所托。”他们用行动践行了《医学生誓言》里的这句话。他们是湖北 50 多万放弃休假、坚守岗位的医护人员，是从全国各地前来支援湖北的近 4 万名医护人员，是奋战在全国抗击疫情一线的广大医护群体，他们艰苦卓绝地战斗，只为打赢这场疫情防控保卫战。

【课程思政教学设计与实施】

本案例主要用在临床医学、药学、护理、老护、康护等专业的“病原生物与免疫学”课程中，在介绍新型冠状病毒的知识点时，融入抗击新冠肺炎疫情的医护英雄事例。

课前：通过学习通平台下发自主学习任务，请同学们以小组为单位，搜集抗疫英雄事迹，将感触最深的内容制作成 PPT，上传至学习通平台。

课中：在介绍新型冠状病毒的知识点时，随机请 1～2 组代表上台分享他们组在课前搜集的抗疫英雄的事迹及他们对事迹的感悟。每组代表分享后给 1～2 分钟时间，请讲台下的其他同学发表他们在听小组代表分享时自己的感悟。最后教师进行总结，倡导学生学习抗疫英雄热爱祖国、无私奉献、不辞辛苦的崇高精神。

（左剑斌）

案例 3

现代遗传学的奠基人孟德尔

【课程思政素材】

1822 年 7 月 22 日，孟德尔出生在奥地利西里西亚一个贫寒的农民家庭，父亲和母亲都是园艺家。孟德尔童年时受到园艺学和农学知识的熏陶，对植物的生长和开花非常感兴趣。

孟德尔通过人工培植豌豆，对不同代的豌豆的性状和数目进行细致入微的观察、计数和分析。这样的实验，需要极大的耐心和严谨的态度。经过 8 个寒暑的辛勤劳作，孟德尔发现了生物遗传的基本规律，并得到了相应的数学关系式。人们分别称他的发现为“孟德尔第一定律”和“孟德尔第二定律”，它们揭示了生物遗传的基本规律。然而，孟德尔的思维和实验太超前了，时人不能与之共识，一直被埋没了 35 年之久。但是孟德尔不惧权威，坚持自己的观点，甚至为此与植物学教授发生争执，使自己的植物学不及格，也令自己丧失了做正式教师的资格，这也坚定了孟德尔通过实验证明自己观点的信念。孟德尔晚年曾经充满信心地对他的好友布鲁恩高等技术学院大地测量学教授尼耶塞尔说：“看吧，我的时代来到了。”这句话成为伟大的预言。直到孟德尔逝世 16 年后，也就是他从事豌豆试验 43 年后，预言才变成现实。

【课程思政教学设计与实施】

本案例主要用在护理、临床医学等专业的“医学遗传学”课程中，在介绍“遗传学基本定律”的知识点时，融入现代遗传学奠基人孟德尔的生平简介及人生贡献。

课前：通过学习通平台下发自主学习任务，请同学们以小组为单位，搜集现代遗传学奠基人孟德尔的生平简介及人生贡献。将感触最深的内容制作成 PPT，上传至学习通平台。

课中：在介绍“遗传学基本定律”知识点时，随机请 1 ~ 2 组代表上台分享他们组在课前搜集的孟德尔的事迹及他们对事迹的感悟，每组代表分享后给 1 ~ 2 分钟时间，请讲台下的其他同学发表他们在听小组代表分享时自己的感悟，最后教师进行总结，倡导学生学习孟德尔超乎常人的意志力、为科学献身的奉献精神、敢为人先的首创精神。

（刘　巧）

案例 4

人类基因组计划及意义

【课程思政素材】

人类基因组计划与曼哈顿原子弹计划和阿波罗登月计划并称为三大科学计划，人类基因组计划被誉为生命科学的“登月计划”。人类基因组计划由美国政府于 1990 年 10 月正式启动，美国、英国、法国、德国、日本和中国科学家共同参与了这一预算达 30 亿美元的计划，现在已经有 16 个实验室及 1100 名生物科学家、计算机专家和技术人员参与。这是一项改变世界，影响到我们每一个人的科学计划。

人类基因组计划是一项规模宏大，跨国、跨学科的科学探索工程。人类基因组计划是人类为了探索自身的奥秘所迈出的重要一步，是继曼哈顿原子弹计划和阿波罗登月计划之后，人类科学史上的又一个伟大工程。2001 年，人类基因组工作草图的发表被认为是人类基因组计划成功的里程碑。人类基因组计划就是测定组成人类基因组的 30 亿个核苷酸的序列，从而阐明人类基因组及所有基因的结构与功能，解读人类的全部遗传信息，揭示人体奥秘。由于生命物质的一致性与生物进化的连续性，以及人类基因组计划所建立的策略与技术的通用性，此项计划是奠定揭开生命最终奥秘的基础。

【课程思政教学设计与实施】

本案例主要用在护理、助产、医学检验、临床医学等专业的“医学遗传学”课程中，在介绍“遗传物质”知识点时，简介人类基因组计划工程。其宗旨在于测定组成人类染色体中所包含的 30 亿个碱基对组成的核苷酸序列，从而绘制人类基因组图谱，并且辨识其载有的基因及其序列，达到破译人类遗传信息的最终目的。

课前：通过学习通平台下发自主学习任务，请同学们以小组为单位，搜集人类基因组计划相关资料，将感受最深的内容制作成 PPT，上传至学习通平台。

课中：在介绍人类基因组计划的知识点时，随机请 1～2 组代表上台分享他们组在课前搜集的人类基因组计划及他们的感悟。每组代表分享后给 1～2 分钟时间，请讲台下的其他同学发表他们在听小组代表分享时自己的感悟。最后教师进行总结，倡导学生学习科学家们热爱探索、无私奉献、不辞辛苦、团结协作的崇高精神。

（刘　巧）

案例 5

抗疫斗争中的平民英雄

【课程思政素材】

习近平总书记强调，人民才是真正的英雄。

2020 年新冠肺炎疫情发生后，成千上万的医护人员、公安民警、社区网格员、青年志愿者、快递小哥、建筑工人等积极响应号召，主动投入战“疫”一线。平常之事成就凡人英雄，正是因为有了平民英雄的执着坚守和顽强奋战，抗击疫情的全面胜利才有了坚实可靠的基础。

武汉社区民警皮明伟搭起“椅子床”，当好“守门人”；雨衣妹妹每天免费为武汉医护人员送 400～600 份盒饭；湖北省宜昌市夷陵区 560 余名环卫工人始终奋斗在第一线……他们只是千万平民英雄中的一员。他们的善行义举不是狭隘的个人英雄主义，而是救人民于危难之中的民族大义。

【课程思政教学设计与实施】

本案例主要用在临床医学、护理、助产等专业的“大学生心理健康教育”课程中，在介绍“生命教育”知识点时，让同学们理解习近平总书记提出的“人民至上、生命至上”理念，将目光从小我转向大我，培养学生爱国奉献的高尚品格。

课前：通过学习通平台下发自主学习任务，完成问卷“我的人生意义”。

课中：播放视频资料“抗疫斗争中的平民英雄”，带领学生将目光从小我转向大我，感受“人民至上、生命至上”的理念，激发爱国情怀和奉献精神。组织学生在小组内分享自己的感受，帮助学生将小我融入大我，以更广阔的胸怀，找到人生更崇高的意义。

（叶秋伶）

案例 6

拒绝毒品，珍爱生命

【课程思政素材】

2020 年 12 月 14 日召开的全国青少年毒品预防教育“6·27”工程推进会披露，全国登记在册吸毒人员达到 390 万名，其中现有吸毒人员 256.7 万名。全国累计登记 35 岁以下吸毒人员 214.5 万名，占全部吸毒人员的 55.2%，其中，18 周岁以下未成年吸毒人员 2.33 万人。当前，我国青少年吸毒人数呈现上升趋势，部分青少年错误地认为，吸毒是一种时尚，不违法，吸食也不会成瘾，或者错误地认为不会有严重的后果。青少年学生心理起伏较大，容易受到新鲜事物的刺激和迷惑，自控能力差，因此，学校对青少年开展毒品预防教育尤为重要，要让学生认识毒品、了解毒品的危害。

【课程思政教学设计与实施】

本案例主要用在药学专业的“药理学”课程中，在介绍以吗啡为代表的阿片生物碱类镇痛药的来源、药理作用、临床应用以及不良反应时，结合其具有的“药物”与“毒品”双重性质，在学生中进行爱国主义教育、法制教育、健康教育，特别是珍爱生命、远离毒品的生命教育，培养学生遵纪守法的意识。

课前：利用学习通平台导入毒品危害的宣传视频，发布任务，请同学们查找麻醉药品的种类、危害以及管理的相关知识，分组收集信息，制作成 PPT，上传至学习通平台。

课中：在讲述吗啡的来源时，引导学生回顾鸦片战争和虎门销烟的历史，对学生进行爱国主义教育。然后，向同学们展示冰毒、麻古、K 粉、摇头丸等新型毒品图片，介绍这些新型毒品的特点和危害，引导学生自觉抵御毒品的诱惑，提高自我保护意识和防范能力。

在讲解吗啡的临床应用时，通过纠错改错帮助学生巩固《麻醉药品和精神药品管理条例》和《处方管理办法》的相关知识，并对学生进行法制教育，提高学生的法律意识。

在讲解吗啡的不良反应时，展示吸毒者的图片及案例，让学生深深感受到吸毒的危害。因为毒品，不少人生不如死；因为毒品，不少家庭支离破碎；因为毒品，不少人走上了不归路。通过这些案例，让学生牢记毒品的危害和生命的价值，对学生进行“珍爱生命，拒绝毒品”的生命教育。

（罗　亚）

案例7

停止过度使用和误用抗微生物药物

【课程思政素材】

2020年5月，世界卫生组织、联合国粮食及农业组织和世界动物卫生组织召开会议，决定将“抗菌药物”名称改为“抗微生物药物”，将每年11月的第三周定为“世界提高抗微生物药物认识周”。为提高全社会合理使用抗微生物药物的意识和水平，国家卫生健康委医政医管局在11月18日—24日组织开展“2020年提高抗微生物药物认识周”活动。以“团结起来保护抗微生物药物”为主题，通过广泛宣传抗微生物药物合理使用的知识，提高社会公众和医务人员对耐药危机的认识，牢固树立抗微生物药物合理使用观念，减少不必要的药物使用，营造全社会关心、支持和参与抗微生物药物合理使用的良好氛围。

【课程思政教学设计与实施】

本案例主要用于临床、口腔医学、护理、助产、预防医学、药学、康复治疗技术等专业的“药理学”“护理药理学”课程中，在讲述抗微生物药物耐药性时，引入“世界提高抗微生物药物认识周”主题，培养医药类学生的社会责任感和使命感。

课前：通过学习通平台下发自主学习任务，请同学们以小组为单位，搜集“世界提高抗微生物药物认识周”的宣传主题，查找抗微生物药物耐药性的典型案例，分析产生耐药性的原因，进行汇总分析和讨论，制作成PPT，上传至学习通平台。

课中：在介绍“抗微生物药物的耐药性”时，随机请1组代表上台展示课前搜集的“世界提高抗微生物药物认识周”的宣传主题及抗微生物药物耐药性的典型案例，并分享心得和感受。教师介绍耐药性的概念、分类及产生耐药性的机制，引出不合理使用抗微生物药物是导致产生耐药性的主要原因。对学生课堂展示及课前任务完成情况进行点评。最后提出倡议：良好的个人卫生习惯有助于阻止微生物的传播，应始终在适当的医疗监督下服用抗微生物药物，应自觉遵守并大力宣传上述理念。

（罗　亚）

案例8

世界法医学鼻祖宋慈

【课程思政素材】

宋慈（1186—1249年），字惠父，汉族，建阳（今属福建南平）人，南宋著名法医学家。中外法医界普遍认为宋慈开创了“法医鉴定学”（公元1235年），因此宋慈被尊为世界法医学鼻祖。

宋慈所著的《洗冤集录》是我国第一部系统的法医学专著，也是世界最早的法医学专著，对于法医学的发展有重大贡献。给死者诊断死因，技术性很强，不仅要有良好的思想品德，而且必须具备深厚的医药学基础，掌握丰富的科学知识和方法。

宋慈本无医药学及其他相关科学知识。一方面，他刻苦研读医药著作，把有关的生理、病理、药理、毒理知识及诊察方法运用于检验死伤的实际；另一方面，他认真总结前人的经验，以防止“狱情之失”和“定验之误”。在多年的检验实践中，他力求检验方法的多样性和科学性，在此方面可谓不遗余力。仅从流传至今的《洗冤集录》一书来看，其中所载检验方法之多样、全面，其精确度之高，都是前无古人的。

【课程思政教学设计与实施】

本案例主要用在临床、护理、医学检验等专业的“病理学”课程中，在讲述“尸体解剖和病理学发展史”知识点时，引入世界法医学鼻祖宋慈的故事，以增强学生的民族自信和文化自信，倡导学生学习宋慈刻苦钻研、求实求真的科学精神。

课前：通过学习通平台下发自主学习任务，请同学们以小组为单位，搜集宋慈的简介和事迹，写出自己的感悟，上传至学习通平台。

课中：在介绍病理学的基本检查方法尸体解剖时，随机请1～2组代表上台分享他们组在课前搜集的宋慈的事迹和他们对事迹的感悟，接着请台下的其他同学发表自己的看法和感悟，最后教师进行总结，倡导同学们学习宋慈刻苦钻研、求实求真的科学精神。

（刘　婷）

案例 9

全国肿瘤防治宣传周

【课程思政素材】

全国肿瘤防治宣传周是由中国抗癌协会1995年倡导发起的，每年的4月15日—21日规定为全国肿瘤防治宣传周，简称4·15全国肿瘤防治宣传周。

自1997年至今，每年均由科普宣传部制定实施计划，拟定宣传周活动主题，通过各种媒体进行宣传，宣传周活动后均进行总结。在各省（市、自治区）抗癌协会、肿瘤医院、各专业委员会及各位理事、各界人士的通力合作下，每一届宣传周活动都取得了圆满成功。活动的规模一届比一届大，通过多种形式广泛宣传抗癌防癌科普知识，使广大人民群众提高了防癌意识，增加了科学知识，从而进一步推动了我国抗癌事业和科普工作的健康发展。目前，4·15 全国肿瘤防治宣传周已被国家卫健委纳入每年的正式卫生宣传日活动，深受广大人民群众的欢迎。

【课程思政教学设计与实施】

本案例主要用在临床医学、护理等专业的“病理学”课程中，在讲述病理学肿瘤时引入“全国肿瘤防治宣传周”相关知识，要求学生利用课余时间制作肿瘤防治的海报、宣传画等，并参与社区的肿瘤防治宣传活动。请同学们思考如何利用所学知识进行科普宣讲，以培养学生的社会责任感和人文关怀意识。

课前：通过学习通平台下发自主学习任务，请同学们预习肿瘤相关学习内容，推荐观看电影《滚蛋吧！肿瘤君》《送你一朵小红花》等，以小组为单位搜集全国肿瘤防治宣传周的相关资料，将搜集到的资料整理上传至学习通平台。

课中：在介绍肿瘤的概念和形态后，随机请 2～3 名同学分享观看电影后的感悟，每名同学分享 1～2 分钟时间，接着教师进行总结，电影中给我们传递了积极向上的心态和对生命的敬畏之情。

在介绍肿瘤的病因和发病机制后，随机请 1～2 组同学上台分享他们在课前搜集的关于全国肿瘤防治宣传周的资料，每组代表上台分享 1～2 分钟时间。接着请台下的其他同学发表看法和感悟。最后教师进行引导：肿瘤的发生并非一朝一夕，需要通过医务工作者的努力防患于未然。

在介绍肿瘤的命名时，引入病理诊断报告单，以小组为单位，讨论每份病理诊断报告单的含义，并随机请 1～2 组同学上台解读本组病理诊断报告单，其他同学评判其解读正确与否，培养学生严谨求实的科学精神。

（刘　婷）

案例 10

吴光潮 73 岁仍坚持为村民看病

【课程思政素材】

吴光潮是浙江省建德市乾潭镇陵上新村卫生室的一名乡村医生。1966 年，20 岁的他在当地半农半医班学习一年后，当上了“赤脚医生”，开启了行医之路。为了减轻患病村民的负担，从 1983 年开始，村民看病费用，包括诊金和药费在内，吴光潮只收一元钱，从未涨过价。

50 多年间，他不仅上山采药，免费分发给家庭困难的村民，而且坚持下村走访，保证随叫随到。已过古稀之年的吴光潮，至今仍保持着干劲，“只要村民需要我，我想一直在卫生室干下去，直到干不动为止”。

【课程思政教学设计与实施】

本案例主要用在临床医学专业的“人体解剖学”课程中。

课前：通过学习通平台推送视频“73 岁仍坚守，一元看病随叫随到”，请同学们以小组为单位进行讨论。

课中：回顾课前推送的视频内容，倡导学生学习吴光潮热爱医疗事业、无私奉献、不辞辛苦的崇高精神。

（许海霞）

案例 11

中国现代临床解剖学奠基人钟世镇

【课程思政素材】

钟世镇，1925 年生于广东省五华县，1952 年毕业于中山大学医学院，中国现代临床解剖学奠基人，现为中国工程院院士、南方医科大学教授。钟世镇倡导并开展了中国数字人和数字医学研究，精研管道铸型标本，创建了有国际影响力的南方医科大学人体博物馆。

1970 年之后，钟世镇在解剖教研室做一些辅助性工作，比如准备教学用的标本。医学教学所用的人体标本不仅有解剖加工这一种制作方式，还有一类是铸型标本，即将高分子化合物用溶剂溶解后灌进人体内的管道，再用酸或碱将其他组织完全腐蚀，从而留下所需管道的形态。这类标本早已有之，只是因为没有找到合适的材料和方法，成型之后容易折断破碎，效果不甚理想。

钟世镇和同事刘正津利用休息日，带上自己灌制的铸型标本，或挤公共汽车，或骑上自行车，一家一家去拜访化工厂，向技术人员询问哪些高分子化合物用作填充剂能做出韧性、支撑力和色泽都足够理想的标本，灌制时的浓度、速度、温度等。历次实验之后，钟世镇和刘正津终于找到了苯乙烯、过氯乙烯、环氧树脂等合用的填充剂。

1978 年秋天，已暂停学术活动 12 年的中国解剖学会在广西桂林召开会议。这次大会，钟世镇不仅带来了一篇新论文，还带来了一个他亲手制作的心血管铸型标本。当他从提包里拿出这颗“心脏”时，很快就在专家和学者中引起轰动。只见蓝色的静脉与红色的动脉虬结成拳头大小的一团，极其精巧细致，连毛细血管网络都维持着完备的形态，不但解剖结构一目了然，而且给人以美的享受。如今，1978 年“惊鸿一瞥”的那个心血管铸型标本被安放在南方医科大学人体科学馆中。

【课程思政教学设计与实施】

本案例主要用在临床、护理、助产等专业的“人体解剖学”课程中，在介绍脉管系统中“心的血管”的知识点时，融入首个心血管铸型标本的制作者钟世镇对解剖学的贡献。

课前：通过学习通平台下发自主学习任务，请同学们以小组为单位，搜集首个心血管铸型标本的制作者钟世镇的简介及事迹，制作成PPT，上传至学习通平台。

课中：在介绍“心的血管”的知识点时，请小组汇报课前搜集的钟世镇的事迹及他们对事迹的感悟。最后教师进行总结，倡导学生学习钟世镇的工匠精神，以及淡泊名利、开拓创新的崇高精神。

（许海霞）

案例 12

大学生卧床复习得血栓

【课程思政素材】

如今，成天黏在床上学习、打游戏、看剧是不少大学生的常态。2019 年，南京姑娘小刘一直窝在床上，除了上厕所和吃饭，几乎不下床，5 天后她突然发现整条腿发紫、肿胀，有明显的疼痛感，腿弯曲不了，走不了路，需要别人搀扶。

去医院一看，才知道自己竟然患上了下肢静脉血栓。接诊医生为她捏了一把汗，因为万一发现不及时，血栓脱落后能够随着身体的血液循环移动到肺部并阻塞血管，造成严重的肺栓塞，会有生命危险！小刘这次还算幸运，经手术后已复原。

小刘事后反思说，自己平时本就不喜欢运动，患病前 5 天，为了复习备考，她就一直窝在床上学习，而且喝水少，一天就喝几口水。医生分析，当人体长时间坐在狭小空间不活动时，血液流动缓慢，容易在下肢出现血液凝聚而形成血栓。小刘这次发病，根本原因还是活动太少，活动减少本来就是高危行为，再加上一些偶然因素，比如跷二郎腿，喝水少，血液黏稠度高，如果再有一个压迫，这些因素加起来，得血栓的概率更大。

医生提醒，同一个姿势不能保持太久，久坐、久卧都会增加血栓形成的概率，术后患者、久坐（躺）人群、孕产妇、运动量少的老年人、长时间乘车（飞机）的旅客等，都是下肢静脉血栓的高危人群，有效的预防手段就是合理动起来，同时多喝水。

【课程思政教学设计与实施】

本案例主要用在临床、护理、助产等专业的“生理学”课程中，在介绍“血液凝固”的知识点时，融入“大学生卧床复习得血栓”的新闻报道。

课前：在学习通平台发布“大学生卧床复习得血栓”的新闻报道。请同学们进行小组讨论：新闻中的女大学生小刘患下肢静脉血栓的可能原因是什么？

课中：在介绍正常情况下血管内的血液不发生凝固的原因时，要求小组汇报课前讨论结果。最后教师进行总结，告诉学生要改变不良的生活方式，保持身体健康；要从个人做起，助力健康中国。

（艾卫敏）

第十四章　公共课篇

案例 1

爱国英雄孙禄堂

【课程思政素材】

孙氏太极拳创始人孙禄堂先生当年曾多次打败外国武林高手，以精湛的武艺而闻名于世。1928 年，孙禄堂先生选择了时任东北军张作霖大帅的秘书海桂元先生作为接班人，此人德才兼备，悟性极好，但在同张作霖一起出关时，被日本特务炸死在皇姑屯的火车上，这就是震惊中外的皇姑屯事件。

孙老痛失爱徒，极度伤心。当日本武士一次又一次地来找孙老挑战时，他都是以高超的武艺将其打败，但都未伤及日本武士性命，使他们口服心服。他们有的拿两万大洋要拜孙老为师，但都被拒绝。还有五个日本天皇派来的大力士被孙老制服后，要以 20 万大洋邀孙老去日本教拳，同样被断然拒绝。

1931 年九一八事变后，孙禄堂先生号召他的东北军的弟子奋起反抗日本帝国主义侵略军。东北军中，尤其是 29 军中有很多的军官是孙禄堂先生的弟子，他们都为抗日战争做出了贡献。

【课程思政教学设计与实施】

本案例主要用在护理、助产等专业的“体育与健康”课程中，在介绍养生功法课太极拳的知识点时，融入孙氏太极拳创始人孙禄堂先生的生平简介及人生贡献。

课前：通过学习通平台下发自主学习任务，请同学们以小组为单位，搜集孙氏太极拳创始人孙禄堂先生的生平简介及人生贡献，将感触最深的内容制作成 PPT，上传至学习通平台。

课中：在介绍养生功法课太极拳的知识点时，随机请 1 ~2 组代表发言，分享他们组在课前搜集的孙禄堂先生的事迹及他们对事迹的感悟。每组代表分享后给 1 ~2 分钟时间，请其他同学发表他们在听小组代表分享时自己的感悟。最后教师进行总结，倡导学生学习孙禄堂先生热爱祖国、无私奉献、不辞辛苦的崇高精神。

（刘怀志）

案例 2

共创饮食文明，促进身体健康

【课程思政素材】

现代社会，由于经济的飞速发展，人们的购买力大大提高，高蛋白、高脂肪、重口味正成为时下很多中青年的饮食最爱。也正因此，很多之前少见的疾病如肥胖、糖尿病、高血压、冠心病、动脉硬化等“富贵病”开始常见，部分癌症也开始呈现年轻化趋势。

健康饮食能促进身体健康，增强机体免疫力，抵御疾病，延缓衰老。膳食治疗对糖尿病、胃病、心血管疾病均具有疗效。应尽可能选择新鲜的食材，少食加工类、腌制类、油煎油炸类食物，禁食霉变食物。要平衡膳食，坚持食物多样化，保持营养均衡，多食蔬果，常食蛋、奶、豆类、鱼类等。

【课程思政教学设计与实施】

本案例主要用在护理、助产、中药学、药学、医学检验技术等专业的“大学英语”课程中，在讲授“购买有机食物”的知识点时，融入食物与健康的关系。

课前：教师通过学习通平台下发问卷调查：“同学们平时喜欢吃什么样的饭菜，是清淡的还是口味重的?”“同学们平时愿意选择外卖快餐还是会自己做饭?”“做饭一般会购买什么样的食材，新鲜的，半加工的，还是熟食?”“你所知道的饮食与健康之间的关系有哪些?”教师对问卷结果进行归纳总结。

课中：在讲授“购买有机食物”的知识点时，教师宣布问卷调查结果并展示饮食与健康的 PPT 文件，然后教师请同学们对自身饮食习惯进行评判，最后就调查问卷结果进行讨论，使学生深刻认识到饮食与健康的密切关系，增强健康饮食的意识。

（罗胜雄）

案例 3

孝道成就一代名医

【课程思政素材】

朱丹溪（1281—1358 年），名震亨，元代著名医学家。朱丹溪自幼聪明，读书过目成诵。正当他踌躇满志地备考科举时，父亲病故了。母亲患病，朱丹溪请了不少医生来治疗，但毫无效果。

看着母亲日益痛苦，30 岁的朱丹溪果断决定，自己学医，给母亲治病。古人云：“人过三十不学艺。”但为了母亲，朱丹溪毫不犹豫地拿起医书。

朱丹溪日夜攻读《素问》这本基础医书。有了一些心得后又继续攻读其他医书，开始试着给母亲开药方。没想到，被疾病折磨了好几年的母亲在朱丹溪的悉心治疗下恢复了健康。

后来，其恩师身体也不好。一日为师，终身为父。朱丹溪决意专心从事医学事业，像医治母亲那样报答恩师。他烧毁了以前修习科考的书籍，全身心地扑在医学上，学问大有长进。过了两年，朱丹溪竟然凭借自己的医学知识治愈了恩师多年的顽疾。

为了学习到更精深的医学，45 岁的朱丹溪辗转各地求师。得知杭州有一位名医，他就匆忙赶到杭州求教。那位名医不轻易收徒，朱丹溪每天前去拜见，坚持了三个月，风雨无阻，终于用他的毅力和诚挚的求学态度感动了名医。

一年半后，朱丹溪拜别老师，回到家乡正式开始行医。他讲究辨证论治，给百姓开的药方疗效好，百姓经常不复诊就可痊愈，所以世人誉之为“朱一贴”。此外，他还擅长中医上的情志疗法，治人心病，教人们正心、收心、养心的调心之法。朱丹溪对待病人就像对待亲人一样，一心救治，不求回报。

【课程思政教学设计与实施】

本案例主要用在护理、助产等专业的“中华优秀传统文化”课程中，在讲授“孝文化的内涵”时，融入“孝道成就一代名医”这一素材，结合学生的专业及他们对孝的认知进行讲解。

课前：通过学习通平台下发自主学习任务，搜集一代名医朱丹溪的故事。在学习通平台上发布课前讨论：朱丹溪为什么能够成为一代名医？教师对同学们的讨论情况进行整理归纳。

课中：在讲解“孝文化的内涵”时，分析“孝”包含了尊老、爱老，引出孝道成就名医朱丹溪的案例。最后结合同学们的讨论结果，简要地进行评价：朱丹溪由于孝顺，决定学医，后来不但尽到了孝道，治好了母亲、老师的病，而且还成就了自己的事业。

（张爱香）

案例 4

“感动中国”人物秦玥飞

【课程思政素材】

秦玥飞，重庆市人，1985 年出生，2016 年度“感动中国”人物。2018 年 1 月，秦玥飞当选为第十三届全国人民代表大会代表。

2005 年，秦玥飞考取美国耶鲁大学，获得全额奖学金。2011 年夏天，在耶鲁大学取得政治学和经济学双学位后，他选择回到祖国农村服务。在衡山县贺家乡任大学生村官，为当地改善水利灌溉系统，硬化道路；安装路灯，修建现代化敬老院；为乡村师生配备平板电脑，开展信息化教学。

2014 年服务期满，秦玥飞放弃提拔机会，转至白云村续任大学生村官，他带领村民创办农民专业合作社，发展山茶油产业，通过创业创新为当地创造可持续发展动力。

从耶鲁学子到大学生村官，秦玥飞扎根农村，服务基层百姓，这是当代青年践行中国梦的最好例子。

【课程思政教学设计与实施】

本案例主要用在护理、助产、眼视光技术等专业的“中华优秀传统文化”课程中，在专题“以和为贵，共生共荣”的教学中，引导大家思考如何建立人与社会的和谐关系，用秦玥飞这个大学生村官的榜样，倡导同学们在祖国和人民需要的时候，充分发挥自己的专业优势，投身基层医疗服务，用实际行动服务社会，彰显时代青年的责任和担当。

课前：通过学习通平台发布自主学习任务，观看“重庆耶鲁哥秦玥飞当村官”的视频。请同学们以小组为单位，搜集秦玥飞的事迹，制作成 PPT，上传至学习通平台。

课中：在“人与社会和谐共生”的教学中，引入秦玥飞的事迹。请 2 个学习小组代表上台进行 PPT 展示，分享秦玥飞的事迹，随后邀请其他同学发表自己的感想，最后教师进行总结。在我国乡村振兴的进程中，有很多像秦玥飞一样的优秀青年扎根基层，实现了个人价值与社会价值的有机统一，很好地体现了中国梦的内涵。要学习秦玥飞，把自己的命运和社会、国家的命运紧紧联系在一起，到祖国最需要的地方去。

（张 琪）

案例 5

“非洲之子”史怀哲

【课程思政素材】

史怀哲是德国著名哲学家、神学家、音乐家、医学家、管风琴演奏家、社会活动家，了不起的通才，被称为 20 世纪最伟大的精神之父，“非洲之子”。他的名字也成了 20 世纪人类爱的代名词。

史怀哲自幼表现出极高的音乐天赋，5 岁学琴，9 岁便可独当一面地在教堂担任司琴的工作，20 岁出头便成了当时著名的管风琴演奏家和巴赫音乐研究专家。他涉猎广泛，还获得了哲学、神学两个博士学位。没有人会怀疑史怀哲将在富足、优雅的生活中有所作为地度过一生。但是，1904 年的一天，一篇报道改变了史怀哲的人生轨迹。这篇报道介绍了非洲大陆恶劣的医疗条件和急需医疗援助的状况，这促使史怀哲做出了一个震惊所有人的决定：他，要去非洲行医！这意味着他将以 30 岁高龄的身份进入医学院，开始自己的医学生涯，还意味着他将放弃自己蒸蒸日上的学术地位和演奏生涯。

8 年后，38 岁的史怀哲经过刻苦学习，获得了医学博士学位。1913 年，他与自己志同道合的伴侣海伦娜历经 3000 里航程到达西非加蓬的兰巴雷内，在那里建立了丛林诊所，开始为非洲人民奉献他的爱心。

此后，在接近蛮荒的贫穷落后地区，史怀哲为素不相识、语言不通的非洲人民，献上了自己所有的精力、智慧和爱心，这一待就是 50 余年，直到他以 90 岁的高龄在加蓬逝世。

爱因斯坦说，像史怀哲这样理想地集对善和对美的渴望于一身的人，我几乎还没有发现过。鉴于他杰出的人道主义贡献，1952 年，78 岁的史怀哲获得诺贝尔和平奖，这代表全世界对他的尊敬和推崇。

今天，虽然史怀哲已辞世 50 多年，但他仍是全球志愿者最尊敬、最仰慕的人之一，他以实际行动不断鼓舞和感动后来的志愿者。

【课程思政教学设计与实施】

本案例用于“医学应用语文”课程的《敬畏生命》的教学中。《敬畏生命》是史怀哲的代表作，教学从史怀哲的生平介绍开始。

课前：请同学们搜集史怀哲的生平事迹，制作介绍史怀哲的微课视频，并上传至学习通平台。

课中：以问答的方式，引导学生谈自己的感受：史怀哲为什么被称作“非洲之子”？史怀哲最让你受触动的地方是什么？教师点拨，加深学生对史怀哲的认识与了解。

（陈　蕊）

案例 6

器官与遗体捐赠人吴永佳

【课程思政素材】

器官移植是人类久远的梦想。在《列子》中，就有神医扁鹊为人换心脏以治疗疾病的故事。18 世纪开始出现相关的动物实验。20 世纪人类医学的两大进步就是抗生素的发现与器官移植，其中，器官移植更被誉为 21 世纪医学之巅，已经成为治疗脏器衰竭的主要手段。

我国器官移植技术起步于20世纪60年代，发展速度很快，在某些领域已经具有国际先进水平。据统计，我国每年约有150万患者急需器官移植，可实施的移植手术仅为1.6万例左右。也就是说，100个等待器官移植的患者中只有一个能有机会实施这个手术。一个很重要的原因就是供体的缺乏，而供体缺乏的主要原因是人们的传统观念。

2021年9月10日，在苏州大学医学部，举行了一场特殊的遗体告别仪式。67岁的老人吴永佳因病去世，家属遵循他的遗愿，捐献了遗体。他的遗体将用于医学研究，为医学生架起通往医学殿堂的桥梁，而角膜则将为至少两人带去光明。之所以做出这样的决定，是因为18年前吴永佳是一位器官捐献的受益者，患上了肝硬化的他，在与死神赛跑的过程中，因为一位捐献者，而抢在了死神的前面。自那以后，吴永佳就把遗体捐献纳入自己的人生计划中。妻子褚女士的父母也分别在2008年与2016年完成了遗体捐献。

一次器官捐赠，影响了两代人。这个大家庭，用他们独特的方式延续了无私的大爱。近年来，越来越多的人加入器官捐献行列，让生命以另一种方式延续，挽救他人，造福社会。

【课程思政教学设计与实施】

本案例用于“医学应用语文”课程中，在介绍道家代表人物庄子对生命与死亡的态度时，从庄子对遗体处理的态度延伸到器官与遗体捐赠，并引入吴永佳捐赠器官与遗体的案例。

课前：请同学们思考中国人体器官捐献网站上的问卷调查题：如果您或家人的生命在等待，您愿意接受别人赠与的生命礼物吗？如果有一天生命无法挽留，您愿意为那陌生者送上生命的礼物吗？

课中：因这一话题比较敏感与陌生，课堂上由教师讲述故事，并在讲述故事之前简单介绍人类器官移植的历史，以避免过于生硬的插入。随机请2位同学分享他们对课前布置的思考题的感想，引导同学们树立大爱精神。

（陈　蕊）

案例 7

援鄂男护士王本学

【课程思政素材】

2020年4月9日，贵州铜仁急救中心护士长王本学援鄂归来，一别56天，39岁的王本学竟然一头白发。3岁的女儿看到他蒙了：“你是谁?”

王本学是玉屏人民医院最早的男护士，有着非常丰富的临床工作经验，也是铜仁市唯一前往武汉的男护士。2020 年疫情暴发后，他主动报名前往武汉，参与新冠肺炎疫情防控，进入江汉方舱医院，负责 21 名患者的护理救治工作。

他所在的江汉方舱医院收治的都是轻症患者，他每天的主要工作就是白天叮嘱监督患者吃药，晚上定时给他们测量体温。因为新冠病毒的特殊性，很多病人在感染之后心理负担非常重，常常用极端的语言来表达自己的极度恐慌。王本学负责的病人中，有一位患者一家四口均被感染，同时进入方舱医院，患者时有替家人去死的念头。王本学说，这时的治疗主要是进行心理干预。为了稳定患者的情绪，王本学耐心地对他进行心理疏导，消除患者的焦虑情绪，让患者吃得下、睡得着，从而增强自身的免疫力，帮助病人恢复健康。

在江汉方舱医院工作的这段时间，面对这样一个没有特效药却有太多未知的新病毒，王本学切身感受到了病毒带给患者、医生的压力。短短 56 天，他竟然变成了一头白发。

美国的特鲁多医生曾说，医疗技术自身的功能是有限的，需要沟通中的人文关怀去弥补。医务工作者不是上帝，他不能决定人的生死，但他们是天使，可以同情、帮助和安慰病人。因此，特鲁多在自己的墓碑上刻下名言："有时去治愈，常常去帮助，总是去安慰。"这句话就像三个阶梯，一步步升华出三种为医的境界，成为很多优秀的医务工作者行医的座右铭。

【课程思政教学设计与实施】

本案例主要用于"医学应用语文"课程的篇章《大医精诚》中，论述医生要"见彼苦恼，若己有之"时，融入男护士王本学援鄂事件。

课前：通过学习通平台下发自主学习任务，请同学们以小组为单位，搜集抗疫英雄事迹，用于课上交流。

课中：在介绍"见彼苦恼，若己有之"的知识点时，随机请 2 位同学分享他们课前搜集的事迹及感悟。最后教师讲述王本学的故事，并以特鲁多的墓志铭作为点评，说明医学是一门温暖心灵的科学。

（陈　蕊）

案例 8

疫情中海外华人情系祖国，祖国关心同胞

【课程思政素材】

2020 年初，海外华人得知武汉暴发新型冠状病毒疫情的消息后，牵挂着祖国疫情，从欧洲到亚洲，从美洲到大洋洲、非洲，海外中华儿女投入一场爱心大接力。他们积极行动

起来，动用多方资源，在世界各地采购口罩、医用手套、护目镜、防护服，面对减少或取消中国航线等困难局面，他们千方百计，克服重重困难运回大批防疫物资，为缓解国内医用物资匮乏局面立下了汗马功劳。

当海外疫情扩散后，海外华人的安全与健康时刻牵动着祖国的心。习近平总书记亲自致电许多国家领导人，希望高度重视并维护好海外中国公民的身体健康和生命安全。有关部门采取有效措施帮助海外华人，向他们及住在国社会捐赠口罩、医用手套、中成药制剂，以及大量防护服、护目镜、额温枪、核酸检测试剂盒、防疫包等防护物资。

【课程思政教学设计与实施】

本案例主要用在临床医学、口腔医学、口腔医学技术、医学检验技术等专业的“专业英语”课程中，在讲述“Personal Protective Equipment”（个人防护设备）、“Occupational Exposure”（职业暴露）和“Medical Supplies”（医疗用品）时，融入“疫情中海外华人情系祖国，祖国关心同胞”的案例。

课前：通过学习通平台下发自主学习任务，搜集海外华人捐赠口罩、医用手套、护目镜、防护服等医用物资并运送回国，以及祖国关心华人华侨，发放防护用品的英语新闻、故事和视频。

课中：在介绍个人防护设备、医疗用品和职业暴露时，采用提问的方式，引导学生用英语讲述课前搜集的新闻或故事，引导学生感受中国人面对困难时相互关爱、团结一心的精神，以增强民族自豪感和认同感。全体学生参与讨论：防护用品的重要性。怎样做好个人防护，避免职业暴露？学生自由发言，分享观点。教师根据学生发言，归纳主要观点。

（傅庆莲）

案例 9

“最美红裙”护士张姣

【课程思政素材】

2018 年 5 月 26 日晚上 8 点半左右，在湘乡市大桥村路段发生了一起交通事故，伤者倒地不起，血流如注，一名路过的红裙女子，下车查看伤者情况，并马上拨打了 110 报警电话和 120 急救电话，用衣服按压住伤者的出血部位紧急止血，不停地安抚伤者，并通过询问获得其家人联系方式，第一时间联系上了其家人。

这名红裙女子是湘潭医卫职业技术学院校友、湘潭市中心医院南院区呼吸内科护士张姣。在救人事件传开后，张姣被赞“最美红裙”。面对大家的表扬，张姣说：“这就是护士这个职业赋予我们的使命，救死扶伤已经成为一种本能，责无旁贷!”这就是普通医务工作者在面对突发情况时用实际行动诠释着“景仰生命，惠济百姓”的理念，彰显着医卫人的文明力量。

【课程思政教学设计与实施】

本案例主要用在“医学英语”课程中，在学习“First Aid”（急救)、“Communicating with Patients”（与患者沟通）时融入此案例。

课前：通过学习通平台下发自主学习任务，请同学们以小组为单位，搜集急救英语宣传片、英语电影或电视剧中有关急救场景的视频片段，上传至学习通平台。

课中：在学习相关主题时，随机请 1 ~2 组代表上台进行角色扮演，模拟急救操作的流程，同时选 1 名代表在旁用英语讲解（可以借助 PPT)，每组表演结束后给 1 ~2 分钟时间，请讲台下的其他同学评论小组代表角色扮演时对专业知识和英语知识的掌握程度，并就如何利用自己所学专业知识进行急救知识宣讲进行讨论。最后教师进行点评总结，倡导学生发扬热爱祖国、热爱医卫事业、无私奉献的崇高精神。

（李　丹）

案例 10

创新型抗癌药物上市

【课程思政素材】

2019 年 11 月，百济神州历时 8 年研发的靶向药物泽布替尼在美上市，改写了中国抗癌药长期以来“只进不出”的局面，实现中国新药出海零的突破，这款“中国智造”的国产抗癌新药正在走向全球。

2020 年 12 月 28 日，百济神州宣布三款创新型抗癌药物成功进入国家医疗保障局发布的《国家基本医疗保险、工伤保险和生育保险药品目录》。中国每年新确诊的癌症患者人数占全球近四分之一，百泽安、百悦泽及安加维同时进入国家医保目录，可帮助减轻广大癌症患者和家庭的经济负担。

【课程思政教学设计与实施】

本案例主要用在药学、中药学、临床医学、口腔医学、康复治疗技术等专业的“医学英语”课程中，在介绍癌症中的“Cancer Treatment Options”（癌症治疗方法的选择）的知识点时，融入百济神州研发创新抗癌药的新闻。

课前：通过学习通平台下发自主学习任务，请同学们以小组为单位，搜集中国研发抗癌药的英语新闻和英语视频，了解中国抗癌新药的研发和上市情况。

课中：在介绍“Cancer Treatment Options”（癌症治疗方法的选择）知识点时，随机请1～2组代表上台分享他们组在课前搜集的新闻资料，引导学生思考和关注癌症治疗的不同方法及其副作用。然后让学生进行角色扮演，用英语练习医生向患者推荐治疗方法。最后教师进行总结，归纳主要观点，倡导学生热爱医学事业、关爱生命、勇于创新，增强民族自豪感和自信心。

（卢 哲）

案例11

中国人民解放军的护理发展史

【课程思政素材】

中国人民解放军的护理事业创始于土地革命战争时期，经历了从无到有、从小到大、从游离到规范、从基础护理向专科护理的发展历程。红军护士在艰苦的条件下开展护理工作，从1929年起开办护士培训班，1931年创办了我军第一所红军军医学校，在长征前培养了约300名护士。在抗日战争时期，护理队伍有了很大发展，吸收了一批国民党统治区高级护校毕业的护士，也受到国际援华医疗队的帮助与支持，在护理组织建设与工作制度、护理教育、护理操作技术方面，有了很大的发展与提高。在战时，从事战地救护的护士毅然奔赴前线，随军于各战区，他们不畏艰险，冒着枪林弹雨抢运伤兵，隐蔽、救治伤员，在野战医院为伤兵洗血衣、清伤口、敷药裹伤，为伤兵写家信，克服物资缺乏的种种困难，保卫着革命战士的健康。日军扫荡时，我军经常活动的地区设立了中心救护站，由军医、护士长负责，下辖若干医疗组，内有数名护士，分散在村子里，部队打到哪里就在哪里救治，他们的服务和情感支持鼓舞了抗敌将士的士气，他们为民族解放贡献了青春和热血。

1941年5月12日，我军在延安成立了中华护士会延安分会，并召开了首次护士代表大会，沈元晖当选为分会首任理事长，我军护理工作从此有了护理专业的学术指导机构。1941年的护士节前夕，毛泽东为护士题词“护士工作有很大的政治重要性”。1942年5月，他再次为护士题词“尊重护士，爱护护士”，指出了护理工作的重要性，肯定了护士的社会地位。

解放战争时期，我军加强了医院正规化建设，也越来越认识到护理工作专业化的重要性和必要性，并逐步统一了护理人员的称谓、待遇、晋升等问题，以调动护士工作的积极性。在中华人民共和国成立前，我军护理人员为保障部队战斗力、夺取革命战争的胜利做出了重要贡献，为中华人民共和国成立后护理事业的发展奠定了基础。

【课程思政教学设计与实施】

本案例主要用在护理、助产等专业的“创新创业基础”课程中，在讲述“创业者素质”知识点时，融入党领导下的中国人民解放军的护理发展史，引导学生学习历史，热爱祖国，热爱党，激发学生的民族自豪感，鼓励学生以前人为榜样，认真学习护理专业知识，培养吃苦耐劳、乐于奉献的医学精神，提升专业能力和综合素养。

课前：通过学习通平台下发自主学习任务，请同学们以小组为单位，搜集中国人民解放军的护理发展史资料，引导学生学习党史，启发学生进一步思考关于创业者素质的问题。

课中：在介绍创业者素质知识点时，随机请1～2组代表上台分享他们组在课前搜集的中国人民解放军的护理史资料及他们的感悟。每组代表分享后给1～2分钟时间，请讲台下的其他同学发表他们在听小组代表分享时自己的感悟。最后教师进行总结，引导学生思考创业者应具备的思想品德、心理素质、专业素质以及人际沟通能力等。

（谢　姗）

案例12

漳州片仔癀药业股份有限公司创新发展之路

【课程思政素材】

漳州片仔癀药业股份有限公司（以下简称“片仔癀药业”）是以医药制造生产为主业的国家技术创新示范企业、中华老字号企业、国家高新技术企业，连续多年跻身中国中成药单品种出口前列。公司2020年业绩快报显示，公司实现营业收入65.07亿元，同比增长13.72%，实现利润总额19.82亿元，同比增长20.53%。

《中共中央 国务院关于促进中医药传承创新发展的意见》的发布，为中医药产业高质量发展带来新的机遇。片仔癀药业公司董事长刘建顺说，在漳州市委、市政府的领导支持下，中医药在疫情防治中发挥了独有作用，进一步彰显了中医药的价值。

中医药的传承与创新，离不开中医药经典理论的指导，也离不开现代科学技术的应用。近年来，片仔癀药业一直以科研为“重器”，多方发力，掌握产业链顶端的核心专利与技术，取得了丰硕的科研成果。

为了使片仔癀的功效能够更好地“说得清、道得明”，片仔癀药业与多所海内外院校和科研机构加强合作，用循证医学、分子生物学等现代科技手段，开展片仔癀功效和机理研究，用现代的医学技术和成果让中医药文化被全世界认可。

中华中医药学会发布的“2019中药大品种科技竞争力”排行榜显示，片仔癀药业以

72.82 分高科技因子连续四年蝉联清热解毒领域第一名。

片仔癀药业依托国家企业技术中心、院士专家工作站及博士后科研工作站搭建起省级重点实验室、省级工程研究中心等科技研发平台，同时，与多家境内外知名科研院校成立联合实验室及研发平台，进一步推进了中药国际产学研合作的系统化、国际化，形成产学研生态闭环。

片仔癀药业总经理黄进明说："作为海上丝绸之路上的'中国符号'，片仔癀将为中医药走出去开创更加广阔的空间，进一步提升中医药文化在海外的影响力。"2019 年，片仔癀药业成为国家中医药管理局"一带一路"中医药国际合作基地的药品生产企业。科技创新正成为片仔癀药业高质量发展的重要驱动力。

【课程思政教学设计与实施】

本案例主要用在药学、中药学等专业的"创新创业基础"课程中，在介绍"创业机会"知识点时，融入片仔癀药业的案例，引导学生思考什么是创业机会，着重培养学生的创新思维，激发学生的民族自豪感和爱国之情，增强文化自信，鼓励学生做中医药文化传承人和发展者。

课前：通过学习通平台下发自主学习任务，请同学们以小组为单位，搜集片仔癀药业创新之路的资料，引导学生关注与自身专业相关的品牌故事，启发学生进一步思考关于创业机会的问题。

课中：在学习"创业机会"的知识点时，随机请 1～2 组代表上台分享他们组在课前搜集的片仔癀药业创新之路的资料，分享后请同学们说说片仔癀主要是在哪些方面抓住了创新的机会，最后教师进行总结。真正的创业机会必须具备吸引力、可行性、适时性三个特点，也就是说，真正的创业机会要行得通，一定要符合国家的大政策和大环境，唯有守正创新，才能生机勃发。

（谢　姗）

案例 13

张喜的创业故事

【课程思政素材】

2012 年，张喜从湘潭医卫职业技术学院药学专业毕业后进入湘潭县县城一家连锁药店工作，凭着自己的吃苦耐劳、勤勉好学、创新敢为，从药店导购员一直做到了店长的位置。药店的生意在她的领导经营下持续领先。在药店工作的日子里，她总是时刻关注着药店的经营状况和顾客的反映。

在与顾客的交流中，她发现有些顾客由于工作繁忙，时间不够，或不知道如何动手，买了些药材回去就搁置了，于是她便渐渐萌生出创业的想法。她从开始的小打小闹到后来不断积累人气，逐步建立了自己的品牌“张喜手工坊”，并在顾客群中形成了良好口碑，生意也越做越好。

【课程思政教学设计与实施】

本案例用在药学、中药学专业的“创新创业基础”课程中，在讲述“创业资源”时，引入张喜创业的案例。

课前：通过学习通平台下发自主学习任务，请同学们以小组为单位，搜集药学领域创业者的资料。

课中：随机请1～2组代表上台分享他们组在课前搜集的药学领域创业者的资料，教师进行总结，引出张喜的创业故事，引导学生思考如何将专业学习与创新创业相结合，启发学生关注药学领域的市场痛点及社会热点，鼓励学生踏实做事，诚信做人，积极进取，培养创新思维。

（谢　姗）

案例14

李兰娟从“赤脚医生”到院士

【课程思政素材】

1947年，李兰娟出生于浙江绍兴一户贫困的农村人家，因家境贫寒，她的求学之路也不顺畅，全凭助学金读完初中和高中。出身农村的李兰娟分外关注家乡的医疗状况，她在杭州高级中学读书期间，就到省中医院学习针灸。“上山下乡”后，她一边当老师一边为当地乡亲们针灸治疗。后来，毛主席号召开办农村合作医疗，李兰娟毅然放弃月薪高达24元的教师职业，选择了每月仅3元工资的“赤脚医生”，只因做医生，她可以多学一些医学知识，为缺医少药的农村带去健康。

1970年，她顺利进入浙江医科大学，毕业后，成绩优异的她被分配到浙江大学医学院附属第一医院。为了成为一名好医生，她从当时的“金眼科”毅然转到感染科。1986年，看到肝病患者的痛苦，她毅然开始了历时10年的“人工肝”技术研究。这一技术使得急性、亚急性肝衰竭病人病死率从88.1%降至21.1%，慢性肝衰竭从84.6%降至56.6%，挽救了无数生命。

新冠肺炎疫情防控期间，73岁高龄的李兰娟院士初到武汉时每天只睡3小时。她说：“一个医生一定要在病人身边，才能做出正确判断和决策，这是作为医生最起码的责任。”

从最初的“人工肝”开拓者，到首次创立感染微生态学理论，李兰娟开创了中国医学界感染学领域的许多“第一”，并成为国内唯一的传染病学院士。

【课程思政教学设计与实施】

本案例应用于临床医学专业“职业生涯规划”课程中“职业价值观”这一知识点的教学中。在讲授什么是职业价值观，以及职业价值观对未来的职业目标选择和职业发展趋势有何影响时，引入李兰娟院士从“赤脚医生”到院士这一案例。

课前：通过学习通平台发布问卷——你心中的职业榜样是谁?

课中：在讲授“职业价值观”时，教师用讲故事的方式，讲述李兰娟在“立志做一名好医生”的职业价值观影响下从“赤脚医生”到院士的故事，然后发布讨论题“听完李兰娟的故事，请结合自己未来的择业想法谈谈你的感想?”学生在学习通平台提交感想，最后教师进行总结点评，激励学生以李兰娟院士为榜样，坚定职业理想，勤奋好学，为未来投身祖国基层医疗卫生事业做好准备。

（彭瑞萍）

案例 15

何志襄的求学故事

【课程思政素材】

何志襄从1951年至1969年一直担任湘潭人民医院院长。他医术精湛、医德高尚，当时被誉为“湖南三把刀之一”。

何志襄从小就对医学有浓厚兴趣，为了从事医学工作，他考入了当时的国立上海医学院，师从中国外科学泰斗黄家驷教授。在学校学习期间，他勤学苦练、刻苦钻研，努力学习医学知识和技能，将自己的兴趣转化成了终身的职业志趣。

“何志襄同学，外科涉及的面广得如同一张网，你一定要把这张网收进自己的头脑中!”老师黄家驷鼓励何志襄珍惜宝贵的学习机会，一定要学出点名堂来。

从此，何志襄开始了征服外科学“大网”的漫漫长路。在学习骨折课程时，他向学院借来一具活动人体骨骼，拆开来，把大的骨头用布袋包着，小的骨头放进自己的裤袋，有空就摸一摸，判断其属于人体的哪块骨头。

何志襄晚上睡觉时还伴着人骨入眠。当同学们得知何志襄为熟悉骨骼，带着死人的骨头睡觉，都说他疯狂。何志襄却笑着说：“没有近乎疯狂的热爱，哪能学有所成?”

对人体的动、静脉血管走向，他反复揣摩，有空就画图，到后来，不看样图就能纯熟、迅速地画出来，与样图对比，几乎分毫不差。

何志襄就是这样全身心投入外科学的学习之中，以勤学苦练为桥梁，将自己的兴趣转化成医学职业的终身志趣。

【课程思政教学设计与实施】

本案例适用于医学类专业“职业生涯规划”课程教学，在介绍“自我探索”模块中的“兴趣探索”知识点时，引入何志襄的案例。

课前：通过学习通平台下发预习任务，要求学生以小组为单位，分析兴趣和志趣的关系，并思考如何将兴趣转化为职业志趣。把小组的思考成果汇总，制作成汇报 PPT，上传至学习通平台。

课中：在介绍“兴趣探索”知识点时，先请 1～2 组代表上台分享他们制作的 PPT，分享结束后，教师对课前小组制作的 PPT 进行评价，然后对知识点进行阐述，同时引入何志襄求学期间勤学苦练的案例，引导学生通过行动将自己对医学的兴趣转化为医卫工作者的终身职业志趣。

（彭瑞萍）

案例 16

无臂少年儿童奋发图强拥抱生活

【课程思政素材】

短视频内容：这是一段时长只有 18 秒的短视频，记录的是一个俄罗斯小女孩费时 18 秒才用脚吃到一口饭的过程，短片中的小女孩名叫瓦西里娅，她天生就没有双臂，可是她凭借着自己的意志力，努力学习如何生活。这段视频传到网上，在很短时间内就获得了 5000 多万的点击量。有网友发表评论：“这就是我为什么停止报怨生活，并且拥抱到来的每一天的原因。”

延伸素材：用脚写字考上 985！无臂硕士开学报到。

彭超 6 岁时不幸双臂截肢。在双臂截肢后，他以脚代手，生活自理，曾以 608 分的高考成绩考入四川大学法学院。大一下学期，他参加央视《中国诗词大会》，成为节目首位擂主。2021 年 4 月，他被同济大学法学院录取为研究生。

【课程思政教学设计与实施】

本案例应用于“职业生涯规划”课程中“技能”这一知识点的教学中。通过无臂女童用脚吃饭、无臂少年以脚代手，用意志战胜生活磨难的案例，将挫折教育融入教学内容，帮助学生认识到：能力更重要的是靠后天培养。启发学生培养自强不息的精神，提升应对困难的勇气和信心。

课前：发布学习通投票——你认为人的能力主要是先天的还是后天培养的？

课中：在讲授“技能”这一知识点时，用短视频诠释技能的含义。技能是经过后天学习和练习培养而形成的能力。播放无臂女童用脚吃饭的短视频后，请 2 ~ 3 位同学谈观后感，最后教师总结。梁启超先生曾经说过：“患难困苦，是磨炼人格之最高学校。”一口用时 18 秒才吃到的饭，背后经历了多少次努力和尝试，面对苦难，是逆来顺受，还是奋起抗争？这个小女孩给了我们一个答案。同学们，如果以后你在生活中面临困境，你是否会想起短片中的这个小女孩？你将如何面对？我想每个同学一定会从中给出自己的答案。

（彭瑞萍）

案例 17

上甘岭战役女卫生员王清珍

【课程思政素材】

王清珍，女，贵州威宁人，少将军衔，原中国人民志愿军 15 军 45 师卫生员。王清珍是电影《上甘岭》中女卫生员王兰的原型，多次受到党和国家领导人的接见。

1950 年，父亲领着王清珍找到当地剿匪部队参了军，因年幼，她跟着女卫生员学习护理。

1951 年 3 月，她随部队跨过鸭绿江到了上甘岭，参加了最著名也是最惨烈的上甘岭战役。战地卫生班医护人员仅 10 人，她曾一天护理 30 多名伤员。本着“没有什么比战士的生命更珍贵”的救死扶伤精神，王清珍等护士不顾休息，经常走路都打盹。10 月的一天晚上，一名腹部中弹的年轻战士被送来时脸憋得通红、满头大汗。王清珍给他插上导尿管，但因腹部中弹，尿道发炎肿胀，无法自行排尿。若再憋，将会危及生命。危急关头，王清珍不顾少女羞涩，弯腰低头含住导尿管一口一口地将战士的尿液吸出来，保住了受伤战士的生命。

战斗结束后的 10 月 19 日晚上，人民英雄黄继光的遗体从暗堡枪眼位置抱下来，军帽军衣都被鲜血浸透，凝固成黑色，两手高举着，保持着用胸部堵枪眼的姿势，胸部打成一个大洞。当时气温极低，衣服上的鲜血混合着泥土，无法脱下，为确保不伤害英雄的遗体，王清珍和另 3 名战士用热水轻轻拍打遗体，将英雄身上干硬的衣服分片熨软，然后用剪刀一片片剪开，才把英雄的血衣脱下。但在准备给英雄换上新军装时又遇到新难题，由于黄继光的双臂高高举起，非常僵硬，新军装无法穿上，王清珍她们用浸热的毛巾轮流焐英雄的手臂，整整焐了三天三夜，才将英雄的手臂焐软，给英雄穿上一身新军装。

这就是我们的英雄医护人员，每当谈到电影《上甘岭》中女卫生员王兰时，王清珍总是说："我这一生都是党给的，我只是我们革命队伍中无数卫生员中小小的一分子。"

【课程思政教学设计与实施】

本案例主要用在护理、助产等专业的"医护英语"课程中，在学习"It's necessary for a guiding nurse to keep in mind her/his responsibilities."的知识点时，融入上甘岭战役女卫生员王清珍的事迹。

课前：通过学习通平台发放学习任务，请学生以小组为单位，搜集电影《上甘岭》中女卫生员原型王清珍的感人故事，并将感触最深的内容凝练成一句英文，上传至学习通平台。

课中：在介绍作为导诊护士应牢记的职责等知识点时，随机选取 2～4 名学生上台，用英文分享对王清珍事迹的感悟。教师总结，倡导学生学习王清珍甘于奉献、不怕牺牲的大无畏精神。

（段琼华）

案例 18

美国护理科学院院士冯辉

【课程思政素材】

冯辉，1992 年毕业于原湘潭卫校护士 49 班，毕业后曾在湘潭市中心医院从事了 10 年临床护理和护理管理工作，自学念完了护理大专、本科，又继续攻读了护理学硕士、博士，后相继在美国耶鲁大学、密歇根大学、澳大利亚弗林德斯大学出访交流。

冯辉目前是中南大学湘雅护理学院的教授和博士生导师，中南大学湘雅泛海健康管理研究院院长，中南大学健康护理研究中心执行主任，国家老年疾病临床医学研究中心（湘雅医院）核心研究人员。主持国家级精品在线开放课程"社区护理学"，目前参与人数 7 万多人。

冯辉在护理领域奋战了大半辈子，获得无数荣誉。"接下来，我会全力以赴聚焦于科研和教学。科技创新是一个寂寞的过程，只有起点，没有终点，我希望用坐得十年冷板凳的毅力，去攻坚克难，希望有一天能代表护理人站到国家科技进步奖的领奖台。"冯辉说。

她寄语湘潭医卫职业技术学院的同学们："护理是很崇高的职业，护理人一定要珍爱自己所学的专业，守住为人类健康服务的初心使命。要发挥出自己的价值，为推动护理学科专业发展贡献自己的一份力量。也许社会对护理还有所偏见，我们的专业价值还未能被广泛认同，学科发展还面临很多困难，但只要大家齐心协力，就能推动学科快速发展，为保障人民健康做出更大贡献。”

【课程思政教学设计与实施】

本案例主要用在护理、助产等专业的“医护英语”课程中，在学习“Examination Process”（医学检查）中“Measuring Patients’ Vital Signs”（测量患者的生命体征）的知识点时，融入美国护理科学院院士冯辉的事迹介绍。

课前：通过学习通平台发放问卷调查和自主学习任务，请学生以小组为单位，搜集冯辉的个人成长经历相关资料，并将感触最深的内容凝练成一句英文，上传至学习通平台。

课中：在介绍测量生命体征的注意事项等知识点时，随机选取 2 ~4 名学生上台用英文分享对冯辉事迹的感悟。最后教师进行总结，倡导学生学习冯辉对护理工作的执着追求。

（徐焱伟、廖　佳、陈　亚、于成瑶）

案例19

新冠肺炎疫情防控英雄

【课程思政素材】

在新冠肺炎疫情防控中涌现出大量抗疫英雄，如敢医敢言、勇于担当、第一时间抵达抗疫一线的“共和国勋章”国家荣誉获得者钟南山；主持研究制定中西结合疗法，国有危难时“医生即战士”的人民英雄张伯礼；扎根医疗一线，跑赢时间，从病毒手里抢回更多病人的杰出代表、人民英雄张定宇；在疫苗、药物研发中取得重大成果，愿一生都和致命病毒短兵相接的人民英雄陈薇；曾雨夜跪地救人，又投身援鄂先锋队的“全国优秀共青团员”方婷；勇往直前，践行“广德爱众，砺能善医”校训的“黄冈市荣誉市民”陈思；抗疫中那双引人泪目、血痕遍布双手的主人公、年轻共产党员胡佩；关键时刻不忘党员职责、挺身而出、迎难而上、用专业知识服务社区百姓的肖建武；毅然决然重披“白衣战士”盔甲、逆行出征疫情最前线的邓娟；等等。

【课程思政教学设计与实施】

本案例主要用在护理、助产等专业的“医护英语”课程中，在学习“Treatment of Common Chronic and Acute Diseases”（常见慢性和急性病病的治疗）的知识点时，融入新冠肺炎疫情防控英雄们的事迹介绍。

课前：通过学习通平台发放问卷调查和自主学习任务，学习新冠肺炎疫情相关词汇和新冠病毒动画片，让学生了解新冠病毒。请学生以小组为单位，搜集新冠肺炎疫情防控英雄们的事迹，并将感触最深的一位英雄的事迹制作成英文微视频，上传至学习通平台。

课中：在讲解急性病和慢性病防控等知识点时，依据课前投票选出最感人的微视频前三名，在课堂上展播，其他同学发表感言，最后教师进行点评和总结，引导学生从榜样身上学习职业操守，提升专业认同感，坚定以专业所学服务社会的决心，培养不怕苦、不畏难、勇于牺牲奉献的精神。

（徐焱伟）

案例20

微生物学家王岳

【课程思政素材】

王岳（1915—1985 年），福建闽侯人，微生物学家、庆大霉素发现者。

中华人民共和国成立初期，帝国主义对中国实行全面封锁，把抗生素作为战备物资，对中国实行禁运。当时正是世界各国抗生素研究和生产的黄金时期，而国内极度缺乏抗生素药品，在这紧要时刻，王岳觉得自己有责任为国为民分忧，立志研究抗生素。

他重视从实际出发，确定研究项目，努力发展抗生素研究的新领域。1965 年，他在我国首先提出从小单孢菌中寻找新抗生素。1966 年，他和助手从小单孢菌中分离出闻名全国的庆大霉素生产菌，并在中华人民共和国成立二十周年时正式投产（1969 年），取名“庆大霉素”，意指庆祝“九大”以及庆祝工人阶级的伟大。

庆大霉素是为数不多的具有热稳定性的抗生素，广泛应用于培养基配置。庆大霉素是中国独立自主研制成功的广谱抗生素，是中华人民共和国成立以来的伟大科技成果之一。庆大霉素的发现，将中国抗生素研究、生产推向一个崭新阶段，为中国医药界做出了重大贡献。

【课程思政教学设计与实施】

本案例主要用在护理、助产等专业的“医护英语”课程中，在介绍“Administering Medications”（给药）中“抗生素的给药方式”和“抗生素药品说明书”的知识点时，融入微生物学家王岳的生平简介和贡献。

课前：通过学习通平台发放任务，请学生以小组为单位，搜集微生物学家、庆大霉素发现者王岳的生平简介及贡献，收集有关抗生素的种类和每个种类的常见药品名称等资料。

课中：在介绍“抗生素的给药方式”知识点时，随机请 1～2 组代表上台分享本组在课前搜集的王岳发现庆大霉素的事迹及他们对事迹的感悟，介绍抗生素的种类和每个种类的常见药品名称，以及抗生素给药环节的注意事项。最后教师总结，倡导学生学习王岳热爱祖国、无私奉献、不辞辛苦、勇于创新的崇高精神，增强学生的民族自豪感和自信心。

（卢　哲）